경인선 철도의 서사와
연선지역의 변화

인천학연구총서 60

경인선 철도의 서사와 연선지역의 변화

윤현위·정원욱·이화용·박수민·이영민

1883년 인천의 개항은 한반도를 근대 세계 체제로 편입시키려는 외세의 압력에서 비롯되었다. 당시 조성된 서구식 도시 구조와 경관은 과거와 절연된 '한반도 최초의 근대도시'라는 서막을 알리는 신호탄이었다. 오늘날 인천이 보여주는 모든 도시적 현상은 이 개항이라는 유전자(DNA)에서 발현되었다 해도 과언이 아니다. 그리고 그 유전적 정보들이 서울과 한반도 전역으로 퍼져나갈 수 있게 한 통로가 바로 1899년 개통된 우리나라 최초의 철도, 경인선이었다. 경인선은 근대도시 인천을 탄생시키고 한반도 근대화의 초석을 닦은 일종의 '동맥'이자 '혈관'이었다.

흔히 인천을 수도 서울의 외항이자 내륙과 해양을 잇는 '관문도시'라 일컫는다. 이러한 시각에서 경인선은 관문에서 서울로 향하는 물류적 통로로 정의된다. 이는 서울을 중심에 둔 '중심–주변' 논리에 따른다면 타당한 해석일 것이다. 그러나 인천을 중심에 놓고 본다면 관점은 완전히 달라진다. 인천은 내륙과 해양을 잇는 능동적인 '결절점'이며, 경인선은 그 결절로부터 뻗어 나간 핵심 간선 통로이기 때문이다. 따라서 경인선은 서울의 지선이 아니라, 동북아의 결절로서 자족적 도시를 구축해 온 인천의 주체적 간선으로 재해석되어야 한다. 나아가 인천의 모든 도시 계획과 공간 구조가 경인선을 축으로 설계되었음을 상기할 때, 경인선은 인천 시민의 삶을 지탱하고 끌어모았던 '척추'와 도 같은 존재이다.

이 책은 인천의 척추인 경인선이 이 도시의 구조와 경관을 어떻게 조형해 왔는지, 그리고 그 물줄기를 따라 인천 사람들이 어떠한 삶의 무늬를 일구어 왔는지를 추적한 '장소의 에스노그라피(Ethnography of Place)'이다. 본 작업이 지닌 차별성은 명확하다. 첫째, 배경으로만 존재하는 추상적 '공간'이 아니라, 인간의 경험과 기억이 층층이 쌓여 의미가 응축된 '장소' 그 자체에 현미경을 들이댄다. 둘째, 그 장소에 뿌리내린 '내부자적 시선'으로 현장의 맥동을 생생히 기록한다. 마지막으로, 인류학자 클리퍼드 기어츠(Clifford Geertz)가 주창한 '심층 기술(Thick Description)'의 방식을 빌려, 단순한 현상의 나열을 넘어 그 이면에 숨겨진 맥락과 상징을 치밀하게 들추어낸다.

우리 다섯 저자가 인천에 관한 '장소의 에스노그라피'를 위해 의기투합할 수 있었던 바탕에는, 한 명을 제외한 모두가 인천을 고향이나 삶터로 공유하는 '내부자'라는 유대감이 있었다. 이 과정에서 나머지 한 명은 내부자가 빠지기 쉬운 감성적 침잠과 논리적 오류를 경계하며 객관적 균형을 잡아주는 소중한 길잡이가 되어주었다. 인문지리학자에게 현장은 텍스트 그 이상의 의미를 지닌다. 그것은 과거의 자취가 현재의 삶과 부딪히며 끊임없이 새로운 의미를 생성해 내는 역동적인 실험실이기 때문이다. 하물며 저자 개개인의 삶의 궤적이 두텁게 새겨진 인천이라는 현장은 단순한 분석의 대상을 넘어, 실존적 서사가 응축된 장소애(Topophilia)의 터전 그 자체였다. 우리는 그 뜨거운 애착을 동력으로 삼아, 인문지리학이라는 학문적 논리를 도구로 삼아 현장

구석구석을 밟으며 지치지 않는 몰입도로 관찰과 토론을 이어갈 수 있었다.

우리는 단순히 통계청의 수치나 해묵은 시사(市史)의 기록을 재배열하는 데 만족하지 않았다. 연구진은 인천역의 녹슨 선로 끝단에서부터 부개역의 고층 아파트 숲에 이르기까지, 경인선 연선지역의 골목 골목을 직접 횡단했다. 인문지리학 연구의 본질은 공간을 단순한 선(Line)이나 면(Area)으로 치환하지 않고, 그 안에 깃든 사람들의 기억과 감정이 응축된 '장소(Place)'로 읽어내는 데 있기 때문이다. 그 여정 속에서 우리는 지도에 표기되지 않은 삶의 무늬들을 목격할 수 있었다. 동인천 지하상가의 서늘한 공기 속에서 사라진 전성기를 추억하는 노상인의 표정을 읽었고, 주안과 부평의 낡은 빌라촌에서는 낯선 언어로 안부를 묻는 이주 노동자들의 삶을 관찰했다. 이러한 철저한 현장 중심의 연구는 경인선이라는 거대한 인프라가 어떻게 개별 인간의 일상과 조응하며 인천만의 고유한 장소성을 빚어 왔는지를 밝히는 근간이 되었다.

이 책은 경인선의 역사를 짚어보며 이 철도가 현대 인천의 '기원'이자 '뿌리'임을 분명히 밝히는 것으로 문을 연다. 사실 개항기나 일제강점기의 경인선을 다룬 담론은 이미 충분하다. 정작 소홀히 다루어지는 것은 지금의 경인선이 어떻게 변모하고 재구성되었는가에 대한 현대적 담론이다. 우리가 과거의 경인선을 되짚어보는 이유는 명확하다. 단순히 복고적 향수에 젖기 위함이 아니라, 현재 인천이 직면한 위기를 가장 정확하게 진단하기 위해서다. 뿌리의 변화를 추적하지 않고서는 현재의 쇠락한 경관이 가신 의미를 온선히 해석할 수 없기 때문이다. 이에 우리는 2000년대 이후의 변화에 방점을 두고, 공간이 고정된 실체가 아니라 사회적 관계에 의해 끊임없이 재정의되는 '생성 중인 장소'임을 직시하고자 했다.

한때 인천의 심장이었던 원도심의 쇠퇴는 경인선이 가졌던 독점적 이동성이 신도시로 분산되면서 나타난 결과다. 철도로 인한 남북의 단절은 물리적 소음을 넘어 정서적·경제적 격차를 고착화하는 사회적 불평등을 초래했다. 동시에 주안과 동암, 부평 일대는 기존의 산업도시를 넘어 다문화가 공생하는 '글로벌 이동성의 결절점'으로 변모하고 있다. 이처럼 경인선의 역사는 인천이 앓고 있는 몸살의 원인과 처방전이 동시에 담긴 기록이다.

나아가 우리는 현재 회자되고 있는 '지하화'와 'GTX'라는 거대 담론을 인문지리학의 시선으로 성찰해 볼 것을 제안한다. 철도를 땅 밑으로 숨기고 그 위를 부동산 자본으로 채우려는 현재의 욕망이 과연 정당한가에 대한 비판적 질문이다. 우리는 속도의 혁명을 통한 자본의 축적이 아닌, 편안한 삶터를 향한 '장소의 질적 전환'으로 선회할 것을 제안한다. 130년을 이어온 도시의 뿌리를 단숨에 갈아엎는 토건적 방식은 장소가 품어온 시간의 결을 파괴하고, 원주민과 이주민의 삶을 다시 외곽으로 밀어낼 위험을 안고 있기 때문이다.

이 책은 경인선을 따라 묵묵히 기록한 인천의 일기이자 미래를 향한 제언이다. 경인선의 역사가 곧 인천의 역사였듯, 경인선의 미래가 곧 인천의 미래가 될 것임을 확신한다. 독자들이 매일 이용하는 익숙한 철길 위에서 켜켜이 쌓인 시간의 지층을 발견하고, 장소와 삶이 엮어내는 깊은 의미를 성찰할 수 있기를 소망한다. 이 발견과 성찰이 토건적 욕망을 넘어, 새로운 세대와 이주민이 함께 호흡하는 '공존의 도시 인천'을 설계하는 작은 밑알이 되기를 기대한다. 그 밑알이 더욱 단단히 영글 수 있도록, 아름다운 삶터 인천과 그 안의 행복한 사람들을 향한 우리의 답사와 연구는 멈추지 않을 것이다.

2026년 2월 10일
저자들을 대신하여 이영민 씀

차례

1장

들어가며

올해는 한반도 최초의 철도인 경인선이 부설된 지, 127년이 되는 해이다. 경인선의 역사는 대한민국의 근대화·산업화·도시화와 궤적을 줄곧 함께해 왔다. 단순히 그 시기가 중첩될 뿐만 아니라, 공간적 관점에서 경인선과 도시화는 서로 상보적인 관계에 놓여, 지속적인 상호 재편을 추동해 왔다. 경인선 철도는 부설 이래 개항장(인천)과 수도(서울) 간의 모빌리티를 크게 향상시키는 등 산업화와 도시화의 물적 조건을 제공해 왔고, 연선지역으로부터 시작된 급격한 도시화는 재차 경인선 철도의 선형과 운영 방식 등에 변화를 요청해 왔다.

특히, 경인선의 인천 구간(인천역–부개역)은 오늘날 인천광역시의 동서 지역과 핵심적인 주거·상업·공업지역을 관통함으로써 인천의 산업화와 도시화 과정에서 중추적인 기능을 떠맡아왔다. 지난 127년 간 사람과 물자뿐만 아니라, 새로운 아이디어와 문화들이 경인선 연선을 따라 활발하게 이동하였다. 이러한 모빌리티의 향상은 지역의 혁신과 산업을 태동시키고, 다시 사람들을 불러모으는 데 중대한 원동력으로 작용하였다.

그러나 외환위기 이후 본격화된 한국의 탈산업화는 경인선 연선의 오랜 산업지역과 기성시가지의 쇠퇴를 촉발하였고, 인구와 물동량이 감소함에 따라 경인선의 경제적-산업적 비중과 역할도 서서히 축소되었다. 동시에 이에 대한 반작용으로 산업 구조 고도화와 재개발 및 도시재생에 대한 압력도 지속적으로 증대되어 연선지역의 잠재적 지대(potential rent)도 상승하고 있다. 이 과정에서 경인선의 기능과 물리적 구조를 재편하려는 움직임도 활발하다. 일례로, 작년 초에 제정된 「철도지하화 및 철도부지 통합개발에 관한 특별법」은 도시공간의 재편은 물론이고 나아가 철도의 역할과 기능을 재정립할 것을 요청하는 대목이기도 하다.

이러한 공간적 변동과 압력에도 불구하고, 경인선과 도시화의 관계를 조명하는 연구는 그리 많지 않은 형편이다. 관련 선행연구들은 대체로 향토사와 지역 문화(문학)를 주제로 진척되어왔기 때문이다. 일부는 인천의 공간 구조를 다루는 선행연구들도 존재했으나, 이마저도 주로 개항장 중심의 구도심 연구들이 다수였다는 점에서 시간적·공간적 범위의 한계를 지닌다고 볼 수 있다. 상기 연구들은 도시사 또는 역사지리적 관점에서 중요한 성과라고 볼 수 있으나, 근래(특히 2000년대 이후)의 경인선과 도시공간의 역동성을 조명하고 나아가 미래를 전망할 수 있는 시론적 연구가 필요한 시점이라고 하겠다.

본 저서는 경인선 철도 부설 이후 오늘날까지 전개된 연선지역의 도시적 과정을 개관한다는 대전제와 함께, 특히 2000년대 이후 탈산업화의 흐름 속에서 가속화되고 있는 경인선 연선지역의 변화를 조명하고자 한다. 이를 통해 경인선 연선지역을 중심으로 촉발되고 있는 다양한 도시 현안들과 갈등들을 통찰하고 대안을 마련할 수 있는 계기로 삼고자 한다. 이러한 문제 인식하에 본 저서는 다음의 구체적인 연구 주제를 다루고자 한다.

첫째, 경인선 철도의 기능적·물리적 변화를 조명한다. 경인선은 인천항과 함께 사람, 물자, 문화, 제도, 관습 등을 내륙으로 실어 나른 핵심적인 물리적 토대로 기능해 왔다. 그러나 이러한 경인선은 개통 이래 비단 고정된 물리적 형태를 띠지는 않았다. 연선지역과 인천광역시, 서울과 수도권, 나아가 국토 전체의 공간적 변동 속에서 지속적인 변화를 경험해 왔다. 일례로 일제강점기에 미곡 반출이나 식민지적 근대성의 투입구를 담당해 왔던 경인선은 해방 이후 기생적 도시화(假도시화)에 따른 연선지역의 급격한 인구 증가로 복선화(1955)를 꾀한다. 복선화에 따른 접근성의 향상은 잇따라 토지구획정리사업 등을 통한 새로운 주거지역(주안, 간석, 부평, 부개 등)이 등장하는데 중요한 교통지리적 조건으로 작용하였다. 이러한 교통 여건과 주거지역의 성쇠는 상보적인 관계로 볼 수 있는데, 전철화(1974), 복복선화(1999), 입체교차와 방음벽 신설(2000년대), 지하화 논의(2020년대) 등이 그 예시라고 볼 수 있다. 이에 본 저서는 2장을 중심으로 경인선 철도(인천 구간)의 역사를 연선지역의 여건 변화와 교차하며 고찰할 것이다.

둘째, 경인선 개통 이래 연선지역의 도시화 과정을 개관하고, 특히 탈산업화(2000년대) 이후 현재적 관점에서 연선지역의 변화상을 3~7장에 걸쳐 조명한다. 경인선 철도 부설 이래, 연선지역은 꾸준히 도시화가 진척되었다. 경인선 개통 초기 개항장과 동인천을 중심으로 전개된 도시화는 해방 이후 산업화의 과정에서 숭의, 수안, 무병을 중심으로 토지구획정리사업이 완료되었고 이에 맞춰 인구가 급성장하였다. 다만, 기존의 토지구획정리사업만으로는 인천으로 유입되는 인구를 감당할 수 없었고, 1990년대 이후에는 간석, 부개, 도화동 일대의 시가화 구역이 확장되었다. 한편, 2000년대 이후에는 탈산업화(일자리 유출)와 인천 외곽지역 개발 및 수도권 신도시 건설 등의 여파로 경인선 연선지역의 인구가 정체 또는 감소하는 경향이 뚜렷해졌다. 이와 함께 연선지역의 주민 구성도 변화했는데, 특히 기존의 산업노동자들이 서울 및 수도권, 그리고 외국인 이주자들에 의해 점차 대체되고 있다. 이러한 현상은 경인선 연선지역이 서울로의 양호한 접근성을 지니면서도 상대적으로 저렴한 주택(임대)가격을 띠고 있기 때문으로 짐작된다. 물론 이러한 이주 패턴은 향후 연구를 통해 더욱 면밀히 고찰될 필요가 있을 것이다.

무엇보다. 2000년대 이래 현재까지 경인선 연선지역을 둘러싼 지배적인 흐름은 각종 도시재정비사업과 역세권 개발에 대한 압력일 것이다. 이는 경인선 연선지역이 일제강점기의 '식민지 자본', 해방 이후의 '산업 자본'이 순환되었던 과거와 달리, 탈산업화 이후에는 '부동산 자본' 축적을 통한 성장을 추동하는 압력이 큰 시점으로 해석할 수 있다. 이러한 흐름은 전술했던 바와 같이 기존 경인선 철도의 기술적, 기능적 변화를 재요청하는 단계로 전개되어, 향후에도 연선지역의 경관이 크게 변화할 것으로 전망된다. 따라서 본 저서는 경인선 철도와 연선지역이 치열했던 산업화 시기를 지나 현재의 전환기적 상황에 놓이기까지, 그 변화상을 개관하고자 한다.

본 저서의 공간적 범위는 경인선 철도의 인천 구간(인천역–부개역)

과 철도 연선(배후) 지역이다. 여기서 연선지역이라 함은 철도로부터의 정확한 물리적 거리로 한계 짓기보다 경인선과 인접한 일군의 주거, 상업, 공업지역을 지칭하며, 개별 지역들은 일정한 생활권을 이룬다. 시간적 범위는 경인선 철도 부설시기에서 현재에 이르나, 사전적이고 장황한 서술은 피하도록 한다. 대신 철도사적 관점에서 중요한 기술적·물리적 변화(예: 철도역 신설, 복선화, 전철화 등)를 중심으로 살펴보고, 무엇보다 배후 연선지역의 성쇠(예: 도시(재)개발, 고용 및 인구감소, 인구구성 변화와 다문화 공간 형성 등)와 교차하여 고찰한다.

　한편 본 저서는 전술한 연구목적과 연구범위를 다루기 위해 크게 문헌연구, 현장연구, 지도화 및 도식화 등의 방법으로 연구를 수행하고자 한다. 첫째, 문헌연구에는 코레일과 인천교통공사에서 생산한 원자료 등을 비롯해 관련 학술문헌들을 꼽을 수 있다. 여기에 연선지역의 변화상은 시사(市史)를 비롯한 도시계획 및 정비사업에 관한 발간물은 물론이고, 해당 지역의 생활사와 경관을 담아낸 각종 문헌들도 포함될 것이다. 둘째, 현장조사를 통해 경인선 철도와 연선지역의 실제적 변화상과 생동감을 증진시키고자 한다. 구체적으로 본 저자들은 연구 수행기간 내 약 5회의 답사 및 현장조사를 수행하였으며, 이는 목차 구성에서 확인할 수 있듯이 연선지역의 구분에 따른 것이다. 셋째, 전술한 연구활동에 기초하여 경인선 철도와 연선지역의 변화상에 대한 가독성을 높이기 위해 적절한 지도화와 도식화(사진자료 포함) 작업이 병행될 것이다. 특히 연선지역의 변화상을 객관적으로 이해하기 위해 행정동 단위의 인구, 산업, 주택 관련 통계자료들이 지도화 작업에 활용되었다.

2장

경인선 철도 약사(略史)

2.1. 경인간 철도 부설의 경위(~1899)

철도의 도입과 경인(京人) 간 루트의 부상

조선은 강화도 조약(1883)에 따라 부산, 원산, 인천 등 세 개의 항구를 개항하였다. 각 항구는 각자의 장점을 가지고 있었는데, 부산이 일본에 도달할 수 있는 항로 거리가 가장 짧은 항구이고, 원산이 동해안 북부의 유일한 항구라는 장점을 가지고 있었다면, 인천은 한양으로부터 직선거리로 약 40km에 불과하여, 수도의 외항으로 활용될 수 있다는 강점이 있었다.

사실, 개항 이전까지 인천의 중심지는 현재의 미추홀구 관교동 일대에 있었다. 그러나 개항과 더불어 성창포(城倉浦, 현재의 만석동)를 비롯한 해안 지역(현재의 제물포구)에 설치된 개항장으로 중심지가 옮겨갔다. 개항장에는 인천감리서, 개항경찰서, 세관 등의 관공서와 외국 조계(租界)가 설치되어 일본, 청국, 구미 출신의 사람들이 자리를 잡고

살게 되었다(崔永俊, 1974)[1]. 이에 경인선 철도·경인간 국도 역시도 구 인천(관교동)이 아닌 개항장과 한양을 연결하는 노선으로 부설된 것은 시대의 흐름상 당연한 이야기라 하겠다.

일본의 군사적, 경제적 필요에 의한 철도

그러던 중, 1894년 일본과 청국이 군사적으로 충돌하게 되었다. 당시, 동학농민군이 호남 일대에서 세를 떨치고 결국 전주성까지 함락시키자, 조선 정부는 그 진압을 위해 청에 파병을 요청하였다. 그러자 톈진(天津)조약(1885)[2]의 조건이 발동하여, 일본군 역시 조선에 일본군을 진주시켜 동학농민운동의 진압에 나섰다. 그러나 동학농민군이 일시 해산한 이후에도 청일 양국의 군대는 철수하지 않았고, 결국 일본군이 청군을 선제공격하면서 본격적으로 청일 간의 전쟁(청일전쟁, 1894)이 발발하게 된 것이다. 한편, 일본군은 한양에서도 경복궁을 점령하여 조선군을 무장 해제시키고 내각의 친청 세력을 실각시켰으며, 평양 진격을 앞두고 조선의 내정을 바로잡는다는 명목의 '조일잠정합동조관(朝日暫定合同條款, 1894)'을 체결하였다.

조일잠정합동조관은 내정개혁, 호남 지방 1개 항구 개항, 군용 통신망(한양-부산, 인천)을 비롯하여 '경부선과 경인선의 부설'에 대해 언급

---

1 崔永俊, 1974, 「開港을 前後한 仁川의 地理的 研究」, 『지리학과 지리교육』, 서울대학교 지리교육과, 2, pp.7-8.
2 갑신정변(1884) 직후 청일 양국이 체결한 조약으로, 향후 조선에 한쪽이 파병하는 경우 상대국도 파병할 수 있다는 조항.

하고 있었다. 특히, 경부선과 경인선 철도의 건설에 있어서는 '일본 정부 혹은 일본 기업과 협업할 것'을 정해 놓았다.[3] 이는 일본이 청일전쟁을 통해 조선의 내정을 장악하는 한편, 향후 척식(拓殖) 개발을 위한 중요 인프라를 확보하겠다는 의도로 볼 수 있다.[4]

같은 해 11월에는 공학박사 센고쿠 미쓰구(仙石貢)를 비롯한 측량팀 약 30인(기술자, 기수, 서기 등)이

[그림 2-1] 공학박사 센고쿠
미쓰구(仙石貢, 1857-1931)

한국에 파견되어 경성–부산, 경성–인천 간의 철도 부설을 위한 현지답사를 진행하였다는 내용의 기록이 남아있다. 주한공사 이노우에 가오루(井上馨)가 일본 외무대신 무쓰 무네미쓰(陸奧宗光)에게 보낸 서신이 그것이다. 그런데 그 기록에는 '해당 노선의 답사를 위하여, 군로(軍路) 조사의 명목으로(其線路踏査ノ爲メ軍路調査ノ名義ヲ以テ)'라는 문장이 등장한다.[5] 이는 그 명시적으로 군용로 조사의 명목을 띠고 있으나,

---

3   원문: …釐正內治節目中, 京、釜兩地, 以及京、仁兩地, 創修鐵路一事, 朝鮮政府顧此時庫款未裕, 本顧與日本國政府, 若或日本國公司, 約訂合同, 及時興工。 祇因朝鮮政府現有委曲情節, 礙難照辦, 但仍須安籌良法, 務速克成所期爲要。…(출처: 고종실록 32권, 고종 31년 7월 20일 갑오 5번째 기사).

4   우리역사넷, 〈표제어 '조일잠정합동조관'〉, https://contents.history.go.kr/front/tg/view.do?treeId=0204&levelId=tg_004_0820&pageUnit=10, 2025년 12월 25일 최종 접속.

다른 목적이 더 있었으리라는 해석의 여지를 남기고 있다.

 사실 센고쿠는 일본에서 이미 중요한 철도 노선 설정에 기여한 적 있는 사람이었다. 일본 도쿄도를 동서로 횡단하는 JR 주오선(中央線) 철도(부설 당시에는 고부(甲武)철도)는 신주쿠(新宿)에서 나카노(中野), 무사시노(武蔵野), 고쿠분지(国分寺) 등을 거쳐 다치카와(立川)에 이르기까지 약 25km의 직선으로 되어 있는데, 이것이 바로 센고쿠의 작품이다. 그는 '객화의 수요처와 산업의 원료 산지 등을 연결한다'는 종래의 상식을 깨고, 한적한 농경지 한가운데를 그대로 관통하는 노선을 과감히 채택하였다. 그리하여 개통된 고부철도는 개통 초기에는 연선에 논밭밖에 없었지만, 이후 군사시설, 상점가, 주택지, 대학 등이 속속 들어섰다. 그리하여 고부철도는 도쿄-다치카와-하치오지에 이르는 도시축의 대동맥으로 발돋움할 수 있었다.[6]

 한편, 경인간 철도의 부설은 일본 내에서도 정치적 이슈가 되었다. 1895년 2월 23일 중의원 예산위원회 질의에서 오타케 간이치(大竹貫一, 니가타 4구) 의원이 "조선정부가 부설하는 경성-인천 간의 철도는 광궤인지 협궤인지" 질의하자, 와타나베 구니타케(渡邊國武) 대장대신 (제2차 이토 내각)이 "조선정부가 부설하는 것이 아니라 일본과 계약하

---

5 원문: 當京城釜山間及京城仁川間鐵道布設ノ儀二付其線路踏査ノ爲メ軍路調査ノ 名義ヲ以テ陸軍省御用掛遞信省鐵道技師工學博士仙石貢外技師技手書記等都合 三十名外工夫等若干名今般當國ヘ派遣ヲ命セラレル二付テ … (출처: 주한일본공사 관기록 5권(문서번호 기밀제215호본130), '釜山京城仁川間鐵路踏査ノ件', 1894년 11월).

6 一般社団法人 日本建設業連合会, 2018.5, 「土木·建築偉人伝 仙石貢」, 『ACe건 築業界』, pp.44-45.

여 일본군의 군사상 필요에 의해 부설하는 것으로, 광궤[7]로 부설할 것을 염두에 두고 있다"[8]고 답한 바 있다.

하지만 센고쿠 팀의 측량에도 불구하고 당시 경인선, 경부선 철도의 부설은 바로 이루어지지 않았다. 센고쿠 팀에 동행하였던 후루카와 한지로(古川阪次郎, 1858-1941) 박사의 회고에 "먼저 경성-인천 간을 기공하게 되어 그 준비를 하던 차에 평화가 찾아와서,[9] 철도 역시 일단 보류하게 되었다", "경인선을 기공하려고 측량 중심선에 말뚝을 박아 넣으면 다음 날 말뚝이 사라져 있어 … 말뚝을 훔쳐 가는 자는 사형(死刑)에 처한다는 포고를 게시한 적도 있었다"[10]라는 언급이 등장[11]하는

---

7 여기서의 '광궤'란 현재 우리나라에서 널리 쓰이는 1435mm의 표준궤를 이야기한다. 일본의 철도는 케이프 궤간(1067mm)이므로, 이보다 상대적으로 넓은 표준궤까지 '광궤'로 지칭했다.

8 원문: … 該鐵道ハ朝鮮政府ノ敷設スルモノニ非スシテ彼國ト契約ヲ遂ケ我國軍事上ノ必要ヨリ敷設スルモノニシテ其種類ハ廣軌ニセントスルノ見込ナリ … (출처: 衆議院事務局, 1895, 『衆議院委員会会議録 第7回、第8回帝国議会』, p.136).

9 역자 주: 청일전쟁이 종료되었음을 의미하는 것으로 보인다.

10 상기한 후루카와 박사의 회고에 대해 오이카와(及川, 2013)는 동학농민운동의 진압으로부터 얼마 지나지 않았기에 주민의 저항이 격렬하여 조사에 어려움을 겪었기에 '사형에 처한다'라는 워딩까지 등장하였을 것이라고 보았다. 또한, 당시에는 침략국인 일본의 이익을 위해 '민주적 프로세스를 무시한 근대화'와, 주민에 대한 제노사이드가 아무렇지 않게 일어날 수 있는 환경이었을 것이라고 분석하였다. 그 근거로는 동학농민운동과 청일전쟁 시의 학살, 철도 파괴 혐의로 주민을 공개처형하던 1904년의 사례 등을 들었다. 이를 통해 근대의 철도 부설이 단순히 '좋은 일', '미담'으로만 다루어질 것이 아니라, 주민을 '죽이겠다'라고 겁박하면서까지 이루어졌다는 점, 철도기술자의 '합리적 시점'에는 '인간이 없었다'는 점까지도 고려하여야 한다고 주장했다.(及川英二郎, 2013, 「中央線が直線であることの植民地主義的な意味: 社会科・地歴教材開発の観点から」, 『東京芸術大学紀要人文社会科学系 Ⅱ』 64, pp.82-83.)

11 古川阪次郎, 1931, 「仙石貢博士に就て」, 『土木建築工事画報』 7(下), p.1.

것으로 보아, 중심선을 포함한 경성–인천 간의 루트가 전부 정해진 상태에서 착공 직전에 사업이 중단된 것으로 보인다.[12]

일본이 주춤한 사이, 미국인 사업가 제임스 모스의 미국동양건설회사(The American Oriental Construction Company)가 외무대신 이완용·농상공부대신 조병식과 '경인간철로합동(京仁間鐵路合同, 1896)'이라는 협정을 맺어 경인간 철도 부설권을 얻고, 1897년 3월 22일 우각현(牛角峴, 현재의 미추홀구 숭의동)에서 실제 기공식까지 치르게 되었다.

그러나 사실 모스는 미국에서 자금 조달이 여의치 않아 경부철도 발기위원인 시부사와 에이이치(渋沢栄一)에게 철도 부설권을 양도하려 하고 있었다. 이에 시부사와는 오쿠마 시게노부(大隈重信) 외무대신과 상담하여 5월 4일 '경인철도인수조합(京仁鐵道引受組合)'을 결성, 모스에게 경인선 사업 일체를 인수하였다. 일본 정부도 이를 위해 180만 엔의 무이자 특별 대출을 내주었다. 결국, 청일전쟁의 종료로 경인간 철도 부설의 주도권을 잠시 상실했었던 일본은 단 1년 만에 사업권을 다시 찾아가게 된 것이다.[13] 이후 공사를 통해 1899년 9월 18일 인천–노량진 간, 1900년 7월 8일 인천–경성(서대문) 간의 철도가 완공되었다.

---

12 경부선의 경우 이후 세 차례(1899, 1900, 1903년)의 측량이 더 이루어졌다.

13 한국철도문화재단(譯), 2012, 조선교통사 제1권, pp.32–37.(鮮交会, 1986, 朝鮮交通史, 鮮交会, 東京).

노선 설정과 관련하여[14]

'경인간철로합동(京仁間鐵路合同, 1896)'에 따르면 지정된 정거장의 위치는 '경성', '한강', '인천'이며, '한강'은 마포 혹은 용산에 위치시키기로 하였는데 실제로는 용산에 부설되었다. 그리고 한강(용산)과 인천 사이에 최소 3개의 중간 용산-인천 사이의 중간 정차역은 계약보다 많은 7개로 노량진, 영등포, 오류동, 소사, 부평, 우각리(현재의 미추홀구 숭의동, 1906년 폐지), 싸리재[杻峴][15], 현재의 동인천)에 설치되었다. 당시 경인선은 한성부에서 한강을 건너 과천군-시흥군-부평군을 거쳐 인천부로 들어가게 되어 있었는데, 중간 정차역 일곱 곳 중 세 곳이 부평군(오류동, 소사, 부평)에 위치하였고, 과천군(노량진)과 시흥군(영등포)은 각 한 곳이 위치하였으며, 인천부 내에 두 곳(우각리, 싸리재)이 위치하였다.

인천역의 위치는, 원래 인천 남쪽 해변의 세관청사 주변으로 결정될 예정이었는데, 이는 현재의 인천여자상업고등학교 정도 위치로 추정된다. 그런데 일본인들이 토지 수용에 문제를 제기하여 선로 자체가 현재의 노선(응봉산 뒤쪽 우회노선)으로 결정되면서 인천역의 위치도 바뀌게 되었고, 새로 놓이게 된 선로의 싸리재 구간에 새로운 역도 생기게 되었다. [그림 2-2]의 아래쪽에 그려진 철도가 당초의 계획노선이다.

---

14 朝鮮總督府鐵道局, 1929, 『朝鮮鐵道史』, pp.201-205, 207.
15 싸리재[杻峴]의 독음(讀音) 관련 논쟁은 이 책 28쪽에서 논함.

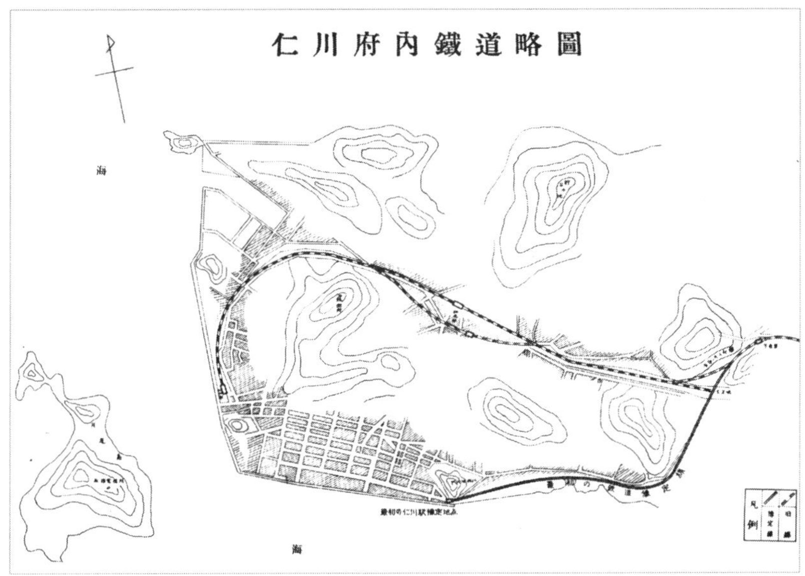

[그림 2-2] 인천부내철도약도
朝鮮總督府鐵道局, 1929, 『朝鮮鐵道史』

한편, 제원은 경성-인천 간 26마일 18체인(약 41km), 궤간 4척 8촌 반(표준궤, 1435mm), 최급구배 100분의 1(10퍼밀), 최소곡선반경 14체 인 반(292m)으로 터널로 부설되는 곳은 없었으며 한강의 교량을 제외 하면 평이한 공사 난이도를 보였다.

특기할 부분은, 주요한 공중 차마도(車馬道)나 제방을 횡단하는 경 우 반드시 지하도를 설치해야 한다는 점이었다. 이는 철도로 인해 기 존의 이동로가 단절될 것을 우려한 것으로 보이는데, 이를 통해 철도 와 도로가 교차하면서 발생하는 문제, 입체화 문제라는 것이 1896년 부터 현재까지 계속되는 이슈라는 점을 알 수 있다.

더 알아보기: '유현'인가, '축현'인가? 싸리재역 독음 논쟁

싸리재에 위치한 역의 이름은 '杻峴'이다. 이 역명의 독음에 관하여
서는 '축현'(속음(俗音))설과 '유현'(원음(原音))설이 있다. 먼저, 전 철도
박물관장 손길신은 독립신문(獨立新聞), 『한국철도 80년 약사』(1979),
『한국철도요람집』(1993)을 근거로 원음의 독음 '유현'을 지지한다.[16]
반면, 현 철도박물관장 배은선은 1955년 교통부고시 제417호, 1946년
개교한 '축현초등학교'를 근거로 언중들이 부르는 실질적 역명, 즉 속
명인 '축현'을 지지한다. 한편, 1917년 제작된 일본 육군 육지측량부의
1:50,000 지형도에는 'ちうけん(현대 일본어 표기로는 ちゅうけん)', 즉
'주켄'으로 표기되는데, 이는 중국에서의 발음(女久切 혹은 敕久切)이
일본어에 그대로 적용된 것으로 보인다.

이러한 '축현', '유현' 논쟁은 일제강점기 당시에도 존재했었던 것으
로 보이는데, 조선어학회 기관지인 '한글'의 제2권 제1호(1934.4.)의
'驛名을 俗音으로 고치어라'라는 기사(저자 미상)에서는, 옥편(자전)에
달린 원음(原音)대로라면 "그전 정거장이던 축현(杻峴)도 「뉴현」으로
써야 하리니…"라는 언급이 나온다. 즉, 자전에 나오는 원음은 '뉴현'
이 맞으나, 당시에도 실제 언중들은 이를 '축현'으로 읽고 있었다는
의미이다. 이 기사에서는 만약 역 이름의 속음(俗音)을 인정치 않는다
면 대전(大田)은 '대뎐', 구포(龜浦)는 '귀포', 서흥(瑞興)은 '슈흥'이며,

16　손길신, 〈동인천역 최초 명칭(杻峴驛)은 '축현역'이 아닌 '유현역'입니다〉, 2017년
　　6월 10일 수정, https://www.incheon.go.kr/museum/MU060701/1962954, 2026
　　년 1월 19일 접속.

어떠한 출판물이나 독본도 더 이상 (1934년 현재에는) 이렇게 표기하지 않는데 철도 정거장 간판에서만 고루한 '역사적 철법(綴法)'이 남아있다고 지적하고 있다.

다만, 한 가지 주의할 점은 2026년 현재도 '네이버' 등의 인터넷 사전을 제외하면 자전에 '杻'의 독음은 '뉴'와 '추'로만 나와 있고 속음에 대해서는 명시되어 있지 않다는 것이다. 그러므로 '축현'이 진짜 인천 언중들의 의해 널리 사용되는 발음인지는 단언할 수 없다.

요컨대, 역사적 철법과 원음, 그리고 철도 운영 주체의 당시 조선어 표기를 존중한다면 '뉴현(두음법칙을 적용하면 유현)', 언중들이 널리 사용하였다고 주장되는 속음을 존중한다면 '축현', 또한 아주 엄밀하게 철도 운영 주체가 시스템 상에서 사용하던 역명을 존중한다면 '주켄'이라고 표시하여야 할 것이다. 여러 설이 난립(亂立)하고 있기 때문에 어느 쪽도 결코 오기(誤記)라고 할 수 없겠으나, 본고에서는 이러한 '한자 표기'에 대한 논쟁을 피하기 위하여 부득이 한자를 훈독(訓讀)한 '싸리재'로 표기하였다.

2.2. 여명기(1899~1910): 개통과 정착

화륜거(火輪車)의 시대와 1차 추가역

독립신문에 실린 1899년 9월 최초 개통 다이어에 따르면, 우각동—노량신 산의 철노는 일 2회 왕복하였으며 총 소요시간은 편노 100문이었다.[17] 당시의 정차역은 인천, 싸리재, 우각동, 부평, 소사, 오류동, 노량진의 7개 역이었으며, 상기한 영등포역, 용산, 서대문역은 1900년 연장과 함께 추가된 것(1차 추가역)이다.

이후 운행 횟수가 점차 증가하여 1902년에는 일 6회 왕복으로 확인되며,[18] 1905년 4월에는 다이어 개정으로 완행 3왕복, 급행 4왕복으로 증편되었다.[19] 경인선의 수송량이 늘어남에 따라, 정기여객열차의 편수가 증가하고 급행이 도입된 것이다. 급행열차는 인천-서대문 간을 80분만에 주파하게 되었다(완행 107분). 이는 2026년 현재의 완행열차 소요시간(약 70분)과 비슷한 수준이다.

주안염전과 주안역(2차 추가역)

1906년에는 싸리재-부평 간의 일부 선로가 이설됨과 함께 싸리재역이 현재의 위치로 옮겨지고 우각리역이 폐지되었다. 앞의 [그림 2-2]에서 오른쪽에 역U자 모양으로 나가는 철도, 그리고 싸리재역 일대에 아래쪽으로 부설된 철도가 이설 이전의 경인선이다. 해당 그림을 통해서 이설된 경인선의 선형 역시 찾아볼 수 있다.

그리고 4년 후, 1910년 10월 21일, 인천부 관내에 추가역으로서 주안역이 개통하였다. 주안역이 위치한 곳은 당시 남쪽으로는 논밭이,

---

17 독립신문, 1899년 9월 16일자, "화륜거 왕릭시간".
18 香月源太郎, 1902, 『韓国案内』, p.384.
19 皇城新聞, 1905년 3월 27일 자, '京仁線 時間改定'.

[그림 2-3] 전매국 주안출장소 및
전매국연구소 주안지소
조선일보(1938. 4. 20.)

북쪽으로는 염전이 위치한 한적한 해안지역에 불과하였다. 역세권은 역시 조선총독부의 기록으로는 1910년 현재 339가구 1,355명 정도로 집계되었다. 이렇듯 한적한 외곽지역에 중간역이 추가된 것은, 대한제국 탁지부(度支部)의 염업시험장(염전)이 들어선 것(1907)과 관련된 것이라 할 수 있겠다.

주안역은 개통 이후 약 2개월간 소금 320톤을 발송하고, 금속용기 15톤, 가마니 10톤을 수령하였다. 여객의 수가 하루 평균 승하차를 합쳐서 100명 정도에 불과했던 것을 감안하면, '사람보다 소금이 더 많은 역'이었던 것이다. 당시 총독부가 발행한 철도 연선 현황에서도 주안역은 천일염전과 관련된 내용만이 적혀 있을 정도이다.[20]

그러나, 1920년대 이후 문학우편소와 부천군청이 주안역 앞으로 이전하고,[21] 관교·논현 등으로 이어지는 시내버스가 개통(1931)[22]하고, 주안 일대의 문학산(미추홀성(彌鄒忽城)[23], 송도금강, 남양대, 염탕(鹽湯), 해안가 트래킹코스(인기 골프선수이자 골프 코스 설계자인 아카보

20　朝鮮総督府鉄道局, 1912, 『朝鮮鉄道沿線市場一斑』, p.236.

21　朝鮮日報, 1929년 10월 26일 자, "文鶴郵便所 朱安에 移轉".

22　朝鮮新聞, 1931년 7월 12일 자, "朱安南村間乘合ひ開通".

23　朝鮮総督府鉄道局, 1934, 『朝鮮旅行案内記』, p.56.

시 시로(赤星四郎, 1895-1971)의 추천) 등이 관광지로 부상[24]하였다. 또한, 주안·남동의 망둥어 낚시 포인트도 낚시꾼들에게 알려진 포인트였다고 한다.[25] 이렇듯 주안역은 더이상 한적한 염전지대가 아닌 부천군의 행정·관광 중심지가 되어가고 있었다.

2.3. 격동기(1910~1974): 50여 년에 걸친 복선전철화 시도

전기철도의 도입 시도

철도 수송량이 늘어나면 자연히 고빈도의 상시 운행을 통해 수송력을 증강시킬 수밖에 없다. 수송력을 증강시키는 방법으로는 전철화가 있는데, 꾸준히 연료를 공급해 주어야 하는 증기기관과 달리 전동차는 가선(架線)을 통해 항시 동력을 공급받을 수 있어서 열차의 회전율이 빠른 특징이 있다.

이에 도쿄에서는 전기철도 기술의 발전과 더불어 1904년 도쿄의 고부철도(현재의 JR주오선) 신주쿠-나카노(中野) 구간이 전철화되고, 1909년 야마테선(山手線, 현재의 JR야마노테선) 역시 이케부쿠로-우에노-신주쿠-시나가와-신바시 간의 도심구간이 전철화된 바 있었다. 또한, 오사카에서도 한신(阪神) 전철이 개통(1905)하는 등, 기존 철도

---

24 京城日報, 1938년 4월 14일 자, "文鶴山のハイキングコース, 京城から日歸りに絶好".

25 京城日報, 1941년 7월 19일 자, "釣場しらべ 仁川のハゼ釣".

의 전철화와 더불어 도시 간, 혹은 도시 내를 운행하는 전기철도의 개통이 잇따랐다. 이러한 현상에 대해 교통지리학자 미키 마사후미(三木理文)는 '도시철도화'라고 일컬었다. 그는 도시철도의 정의에 대해, "기존의 구분인 철도와 궤도, 혹은 국철과 민영철도라는 기술적·제도적 틀을 초월"하여 새로운 도시수송기관으로서 작동하는 철도로 규정하였다.[26] 즉, 철도라는 교통수단이 도시 내외에서 일상적인 수송을 담당하는 교통수단으로 재구성되는 것에 집중한 것이다.

이러한 발상을 우리나라 최초의 철도인 경인선에 도입하고자 하는 시도는, 1910년 총독부 철도국에서 전철화 구상이 등장한 이후, 실제로 전철화가 완료된 1974년까지 장장 60여 년에 걸쳐서 이루어졌다.

100년 전의 GTX? 경인간 복선전철화 구상과 좌절: 금강산전철회사의 건

1919년 토목공학자 구메 다미노스케(久米民之助, 1861-1931)는 금강산전기철도주식회사(이하 금강산전철)를 설립하여 철원-금강산 간의 철도를 부설하고 있었다. 금강산전철은 어차피 강원도 산악지역의 수력발전을 통해 만들어진 전기를 동력원으로 사용할 계획이었으므로, 이를 경인선에도 응용할 수 있으리라 생각하여 이를 구상하였다.[27] 1926년에는 금강산전철이 경인선을 복선전철화하여 서울-인천 간의

---

26 三木理史, 2003, 「「都市鉄道」の成立―戦間期大阪市と近郊の事例による考察―」, 『技術と文明』 14(1), pp.19-20.

27 東亞日報, 1922년 5월 22일 자, "京仁電鐵可能 工費約二百萬圓".

주파시간을 30분으로 단축시키고, 이를 직접 위임 경영하겠다고 결정하기에 이른다.[28] 하지만 조선총독부는 이러한 금강산전철의 사업 제안에도, '복선화는 추진하되 전철화는 거부'한다는 입장을 밝혔다. 그 이유는 두 가지였는데, 첫 번째는 복선전철화가 추진되는 경우 토건세력이 그 개발이익을 독점할 것이라는 점, 두 번째는 아직 경인간의 교통량이 복선전철화를 할 정도는 아니라는 점을 들었다.[29] 이후 구매사장이 1931년 사망하면서, 금강산전철의 경인선 복선전철 프로젝트와 관련한 기록은 더 이상 등장하지 않게 되었다.

이렇게 경인선의 복선전철화가 더 이상 진전되지 못하고 있는 동안, 금강산전철은 1924년, 31년 총 2단계에 걸쳐 철원-내금강 간의 금강산선을 완성시켰다. 금강산선은 일본의 전쟁 수행을 위한 국가총동원령(國家總動員令), 금속류회수령(金屬類回收令) 따위의 법률에 의해 철거되기 전까지 활발하게 여객과 화물을 수송한 바, 금강산전철의 사업수완이 나쁘지 않았음을 알 수 있다.

금강산전철의 구상이 실현되었다면, 인천-서울 간이 30분대로 단축되어 서울과 완전히 연담화되는 것은 물론 실제 역사보다 40~50년은 빠른 도시철도화가 이루어졌을 것이며, 이로 인해 경인선 연선의 도시 구조 역시도 달라졌으리라 생각된다. 또한, 2025년 착공에 들어간 GTX-B가 부평에서 서울역까지 약 20분 정도의 운행 시간을 상정하고 있는 것과 비교했을 때, 사실상 '100년 이른 GTX'로 작동했으리

---

28 朝鮮日報, 1926년 11월 19일 자, "京仁間鐵道에 電化問題擡頭".
29 朝鮮日報, 1930년 3월 31일 자, "京仁電化問題 局長反對로 難涉".

라 보인다.

　　그러나 조선총독부는 '개발이익의 독점이 우려되며', '경인간의 교통량이 부족'하다는 어느 쪽도 석연치 않은 이유를 들어가며 복선전철화를 틀어막았고, 결국 경인선의 도시철도화는 40년 이상 늦어지게 되었다. 총독부가 중일전쟁 발발 직후인 1938년 경인일체화계획을 내놓고 경성과 인천을 연담시킬 계획을 내놓은 것, 그리고 전쟁이 아니더라도 100만 도시 경성과 그 외항 인천을 잇는 철도의 수요가 계속 증대되면 증대되었지, 감소하지는 않았을 것임을 생각해 보면, 당시 조선총독부의 복선전철화 거부는 인천의 도시발전에 있어서 큰 악수(惡手)였다고 여겨진다.

복선화와 전철화: 증속과 배차간격 축소를 위하여

　　조선총독부는 금강산전철의 경인선 복선전철화 구상을 거부한 지 10년도 되지 않은 1938년, 경인일체화계획으로 다시 직류 3,000V의 복선전철화를 추진하였다. 또한, 경성역에서 선은전(鮮銀前, 현재의 신세계백화점 본점 앞)까지는 지하철을 부설하여 경인선과 직결운행을 할 것을 거론하였다. 이는 현재의 경인선이 서울지하철 1호선과 직결운행을 하는 형태와 유사하다. 그러나 경인일체화계획이 나온 시기에는 이미 중일전쟁이 발발하여 '국가총동원령'이니 '금속류회수령'이니 자원 활용을 방해하는 여러 규제들이 적용된 이후였던지라, 경인선 복선전철화는 실제 사업에 이르지 못하고 실기(失機)하고 말았다. 1930년대 조 금강산전철의 전철화를 받아늘였더라면 송농원 이선에 이미

완공을 볼 수 있었으나, 타이
밍을 놓쳐 정책적으로 꼬이고
만 것이다.[30] 결국 경부선과
의 공용 구간인 경성–영등포
간만 1944년에 2복선화된 것
을 제외하면 복선전철화는 별
다른 진척을 보지 못하였다.
철도의 운영 주체가 미군정을

[그림 2-4] 금강산전철의 차량
춘천사람들(2025. 3. 20.)

거쳐 대한민국 정부로 넘어온 다음에도 그 사정은 크게 다르지 않아
서, 1949년 대한민국 건설부,[31] 1960년 교통부,[32] 1962년 국가재건최
고회의 등에서 계속해서 경인선의 복선전철화를 계획[33]하지만, 결국
바로 실현되지는 못하였다.

선인재단, 토지구획정리사업, 그리고 제물포역(3차 추가역)

경인선 복선전철화가 지지부진한 와중에도 신규 추가역은 생겨났
다. 1959년, 해방 이후 첫 추가역이자 주안역 이후 최초의 추가역인
제물포역이었다. 일단 통근·통학에 초점을 맞춘 일 4회 정차를 시작
으로[34] 1964년 1월 20일부터는 왕복 도합 22회의 열차가 전부 정차하

30　東亞日報, 1939년 7월 22일 자, "電鐵化計劃遂具體化".

31　朝鮮日報, 1949년 9월 3일 자, "京仁線을 電化".

32　京鄉新聞, 1960년 12월 3일 자, "서울仁川間에「電鐵」".

33　朝鮮日報, 1963년 1월 10일 자, "서두르는 京仁線電鐵計劃".

게 되었다.[35]

제물포역의 입지는, 남쪽으로는 1938년부터 조성되어 1970년에 환지가 완료되어 완연한 주택지와 상업지역으로 조성된 숭의토지구획정리사업[36]지구, 그리고 북쪽으로는 학교재단 선인학원(善仁學院)의 학교군이 위치했다.

숭의토지구획정리사업지구는 1938년 조선총독부고시 제623호로 시행, 당초 1941년 3월 완공 예정이었으나[37] 제2차 세계대전과 한국전쟁으로 그 사업이 돈좌되고 총독부와 토지주들 간의 공사비 관련 분쟁이 벌어지며[38] 1970년까지 미뤄졌다. 이 사업과 관련하여 경인국도와 경인선 연선을 중심으로 주택과 상업시설이 들어섰다. 제물포역은 숭의토지구획정리사업지구의 동쪽 끝이자, 경인국도와 경인선이 거의 나란히 맞붙는 지점에 입지하였다.

선인학원의 전신은 성광상고와 성광중을 보유하고 있었던 성광재단인데, 1958년 백인엽 육군 중장이 이를 인수하여 1960~70년대에 걸쳐 대학, 전문계 고등학교, 중학교 등 14개의 학교로 증식시켰다. 선인재단의 전성기였던 1980년 기준으로 인천 지역의 중·고교생 23%가 선인학원 학생이었던 것으로 보아 제물포역은 아침마다 학생

---

34 東亞日報, 1959년 7월 3일 자, "濟物浦驛業務開始 往復四個列車停留".
35 京鄉新聞, 1964년 1월 18일 자, "京仁線의 全列車 濟物浦에 停車".
36 구 명칭은 '야마토(大和)토지구획정리사업'으로, 1945년 일본 패망으로 사업명 변경.
37 朝鮮總督府官報 第3461號, 쇼와13(1938)년 7월 30일 자.
38 염복규, 2005, 「근대 서울의 도시계획과 도시공간구조의 변화」, 『도시지역학총서: 도시계획과 도시공간구조의 변화』 1, pp.28-29; 염복규, 2007, 「1930-40년대 인천지역의 행정구역 확장과 시가지계획의 전개」, 『인천학연구』 6, pp.83-105.

들의 통학 행렬이 끊임없이 이어졌을 것으로 보인다.

제물포역에서 선인재단으로 향하는 지름길(현재의 석정로162번길)은 청소년 흡연의 대표적인 장소로서 '담배골목'이라고 불렸는데, 미추홀구청과 미추홀경찰서가 써붙인 표지판에는 "골목을 걸어가는 데 걸리는 시간이 담배 한 대를 다 피우는

[그림 2-5] 담소거리(구 담배거리)에 대한 설명(제물포역 앞)

미추홀구 공식 블로그

시간과 꼭 맞아떨어진다고 하여 담배골목"이라는 설명이 있다(그림 2-5). 이는 청소년의 흡연과 보행 중 흡연이 일반적이었던 시대상과, 학생들이 많이 이용하는 제물포역의 공간적 특성을 동시에 보여주는 사례라 할 수 있다.

경인선 동차화, 패턴 다이어 도입

정부는 1960년대 정부보유외환자금(KFX)·일본경제협력자금 등을 활용하여 이전까지 증기기관차로 운행하던 경인선에 디젤동차를 도입하였다. 이전까지는 대도시 지역에서조차 상당수 증기기관차가 견인하는 객차형 열차가 운행되었다. 1961년 부흥부 외자청에서 니가타(新潟)철공소 제작의 디젤액압동차(DC) 16대 도입 계약을 체결[39]한 것

39　京鄕新聞, 1961년 3월 14일 자, "宇和商社에 落札 디젤動車購買".

을 시작으로, 1969년까지 총 157량의 차량이 도입되었으며, 1975년 포항제철이 기부채납한 2량을 더하면 총 159량이 도입되어 운행하게 되었다.

디젤동차가 기존의 기관차 + 객차 편성보다 좋은 점은, 열차의 순환이 빠르다는 점이었다. 대량의 석탄과 물이 필요하고 그 보급을 위해 시간이 길게 소요되는 증기기관차에 비해 디젤동차는 비교적 연료의 충전이 용이하였다. 또한, 기관차는 한 번 운행하고 나면 객차와 분리한 뒤 전차대(轉車臺, turntable)에서 방향을 180도 돌려서 다시 객차와 장착해야 하는 불편함이 있었는데, 동차의 경우 양쪽 끝에 운전대가 달려 있기 때문에 기관사만 옮겨가면 바로 반대편 방향으로 움직일 수 있었다. 이를 통해 열차 운행이 끝난 후 다음 운행에까지 소요되는 회차시간이 짧아졌다.

경인선에 이러한 동차가 운행하게 된 것은 1962년 4월이였다. 동차의 운행으로 말미암아 일 19왕복으로 증편됨과 동시에 '패턴 다이어'도 도입되었다.[40] 패턴 다이어란 열차를 항상 같은 간격으로, 혹은 매시 같은 시간에 운행하게 하는 것으로, 경인선의 경우 서울에서는 첫차인 5시 20분 차를 시작으로 22시 20분까지 매시 20분(단, 5시 40분차 추가), 인천에서는 첫차인 5시 45분을 시작으로 21시 45분까지 매시 45분(단, 6시 20분과 7시 20분차 추가)에 운행하게 되었다. 이러한 패턴 다이어는, 승객들로 하여금 일상 속에서도 열차 도착 시각을 기억하기 쉽게 하여 일상생활을 열차 시각에 맞추기에 용이하게 하는 효과가

---

40 朝鮮日報, 1962년 6월 26일 자, "直通列車들 新設".

있다.

복선 개통과 상시개찰 개시

　1965년 9월 18일, 경인선 개통 66주년과 함께 경인선 복선이 개통되었다. 복선 개통의 첫 번째 효과는 소요 시간 감소였다. 서울-인천 간의 총 소요 시간이 70분에서 60분으로 줄어들었는데, 이는 2025년 현재의 65~70분에 비해서도 빠른 것이다. 이렇게 소요 시간이 줄어든 이유는 교행(交行)이 필요 없어졌기 때문이다.

　두 번째 효과는 선로 용량이 증가하여 열차를 더 많이 운행할 수 있게 되었다는 점이다. 원래는 매시간 운행하던 것이, 새벽 5시부터 밤 10시까지 평균 30분에 한 대씩 운행하게끔 증편되었다. 이에, 첫차 시간으로부터 막차 시간까지 언제든 승강장에 들어갈 수 있는 '상시개찰'이 시행되었다. 또한, 패턴 다이어 역시도 열차가 촘촘하게 운행하는 출퇴근 시간을 제외하면 유지되어 승객의 편의를 도모하였다.[41]

　이렇듯 복선, 상시개찰, 패턴 다이어, 동차화 등 '도시철도'의 면모를 보여가는 경인선이었지만, 당시 일본 도쿄에 연수를 다녀왔던 한 공무원의 사설(私說)에서는 "도쿄 도내 철도는 쉴 새 없이 전차[42]가 달리고 있으며, 빠르면 2~3분의 간격을 두고 7~10량을 달고 달린다"며 당시 "우리나라와 일본의 철로시설이 거의 같은 자본을 들여 만들

41　東亞日報, 1965년 9월 14일 자, "京仁線『다이어』全面改正".
42　'전철'을 의미함.

어진 것이지만, 우리나라에서의 경인선은 30분 간격으로 달리고 있으니 2~3분 간격으로 달리는 도쿄 도내 전차에 비하여 10분의 1밖에 활용을 못한다는 계산이 된다"고도 언급했다.[43] 이는 우리나라의 철도가 도시민의 생활패턴에 맞추어 진화하고 있기는 하였으나 아직은 부족하다는 아쉬움의 표현이었으리라 생각된다.

[그림 2-6] 경인선 복선 공사 중인 주안역(인천 방향)

1965년 복선화로 '도시철도'에의 길을 한 발 더 내디딘 경인선이었지만, 그럼에도 불구하고 전철화에는 이르지 못하였다. 전철화가 되면 선로를 따라서 가선(架線)을 설치하여 상시 동력을 공급받을 수 있게 되어 더 이상 연료 주입에 시간을 쏟을 필요 없이 더 높은 회전율로 열차를 공급할 수 있게 되니 더할 나위 없이 좋은 일이겠지만, 자금 문제라든가 하는 여러 현실적인 사정으로 인해 계속해서 불발되고 일단은 외환자금과 일본 경제협력자금 등을 사용해서 디젤동차를 들여올 수밖에 없었던 것이다.

그러나 전철화에 대한 열망 자체는 대단했다. 경향신문은 '장차 경인선에 등장할 전철'이라고 소개하면서 당시 일본의 최첨단 특급형

---

43 每日經濟, 1966년 7월 5일 자, "旅券에 묻어온 證言 내가 보고느낀 海外經濟 (54) 日本紀行".

[그림 2-7] 1960년 경향신문에 실린 '장차 경인간에 등장할 전철'.
일본의 151계 전동차이다.

전동열차인 '고다마(こだま)'로 운용되는 '151계 전동차'의 사진을 걸어
놓기도 했다.[44] 151계 전동차는 도쿄에서 오사카(大阪)를 연결하는 도
카이도(東海道) 본선의 전철화가 완공되자, 새로운 선로 환경에 맞추어
빠르게 운행할 수 있도록 일본국유철도에서 발주한 열차였다. 최고시
속 163km/h로 도쿄-오사카 간 552km를 6시간 30분에 주파할 수 있
었다.[45]

경향신문이 굳이 이 151계 전동차의 사진을 걸어놓고 '장차 경인선
에 등장'할 것이라고 이야기한 의도는, 우리나라와 일본의 극명한 철
도 발전상을 지적하고자 한 것으로 보여진다. 달리 말해, 당시 이미
6시간 반 거리인 도쿄와 오사카 간의 선로를 전부 전철화하여 고속,
상시 운행을 이룩한 반면에 우리나라는 대도시 근교에서마저 증기기

---

44 京鄕新聞, 1960년 12월 3일 자, "서울仁川間에「電鐵」".
45 당시 우리나라에서는 1960년 다이어 개정으로 도입된 특급 '무궁화'가 서울-부산
    간 428km를 6시간 40분에 주파하는 수준이었다.

관차에 객차 견인이라는 구시대적 모습을 유지하고 있는 현실을 비추어 보며, '우리도 저런 최첨단의 열차를 가질 수 있다'는 자기암시를 한 것이라고 생각된다.

한편, 같은 기사에서는 꽤나 상세한 전철화 계획이 등장했다. 금액적으로는 발전소에 45억 환, 전차선로에 20억 환, 그리고 전기기관차 10대의 구입비로 20억 환 등을 계상하였다는 내용이었다. 또한, 전철화 이후 서울―인천 간을 50분으로 단축하고, 열차 운행을 하루 144회(20분 간격)로 늘려 수송수요를 증대시켜서 연간 10억 환을 더 벌어들일 수 있다는 전망을 드러냈다. 그 외에도 발전소로부터의 잉여전력은 민간에 공급할 수 있고 전기 인프라를 통해 전철화 후의 교외선(郊外線)[46]과 서울―청량리 간 지하철에도 전기를 공급할 수 있다는 특장점도 어필하였다.

그러나 이 계획 역시도 제2공화국이 무너지면서 무산되었다. 교통부가 전기 부문의 측량까지 끝내놨었으나 5.16 군사정변 이후 사업이 중단되었고, 아예 교통부 사업계획에서도 빠졌던 것이다. 그러나 얼마 지나지 않은 1962년 10월, 경인선 전철 계획이 다시 등장하였는데, 이는 일본과 서독에서 기술과 차관을 제공하겠다는 제의가 들어왔기도 하고, 더 이상은 서울의 인구 포화를 견딜 수가 없어[47] 경인선의

---

46 본 기사로부터 66년이 지난 2026년 현재까지도 전철화가 이루어지지 않아서, 디젤 기관차의 객차를 견인하여 운행 중에 있다.

47 서울 인구는 1953년 100만 명을 두 번째로 돌파한 이후(첫 번째는 1942년), 1959년에 200만, 1963년에 300만, 1968년에 400만 명을 돌파하였다. 이는 연평균 20만 명의 인구가 서울에 추가된다는 의미였다. 제13대 서울시장이었던 윤치영(尹致暎, 1898-1996)은 이러한 서울 과밀화와 관련하여 '서울을 아름답게 정비하면 지방의

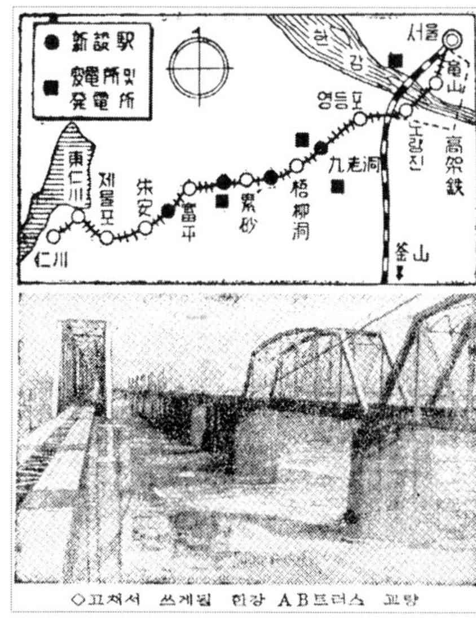

[그림 2-8]
1963년 1월의 경인선 전철화 계획

개량이 시급해졌기 때문이다.[48] 이 계획은 1963년 새해에는 더 구체적으로 되어, 경인선에 새로 네 개의 역을 신설(동암, 송내, 역곡, 구로로 추정)하고, 서울-영등포 간은 고가화, 경인선의 17개 입체교차로를 설치 후 건널목은 전부 제거하겠다는 계획으로 진화하였다.[49]

이 계획이 실제 사업으로 이어진 것은 1971년이었다. 동년 4월 8일 인천공설운동장에서 경인전철 기공식을 가졌는데, 여기서 서울-인천 간의 38.9km, 서울-수원 간의 41.5km, 용산-성북 간의 27.5km 간 전철화가 시작되었다. 또한, 이 노선들은 서울시 제1호 지하철(현재의

인구가 서울로 몰려들 것이므로, 서울을 살기 좋은 도시로 만들어서는 안된다'는 취지의 발언과 정책을 펼쳤다가 1966년 경질되기도 했다.

48 朝鮮日報, 1962년 10월 4일 자, "다시 서두르는 京仁線電鐵化 計劃".

49 朝鮮日報, 1963년 1월 10일 자, "서두르는 京仁線電鐵計劃".

1호선)에 직통하기로 하였으며, 이용을 편하게 하기 위해 2~2.5km 간격으로 역을 만들기로 하였고, 또한 하루 114회 이상으로 배차를 늘리기로 했다.[50]

2.4. 성장기(1974~1990): 수도권 전철의 시대

기차에서 지하철로: '지하철' 시스템에의 편입

기공으로부터 3년이 지난 1974년 8월 15일, 서울-인천 간 전철화가 완공되고, 10량 1편성의 도시형 전기동차가 기존의 디젤동차를 대신하여 달리게 되었다. 그 목적지 역시 기존의 서울역이 아닌, 지하서울역을 경유하여 청량리, 성북까지 이어졌다. 동시에 인천 시내에는 동암역(주안-부평 간)이 신설되었으며, 서울-인천 간 전체로 보면 송내, 역곡, 개봉, 구로, 대방, 남영역이 추가되었다.

시스템상에서 중요한 변화는, 경인선이 철도 시스템에서 빠지고 지하철과 일체화되었다는 것이다. 경인선 열차는 부산, 목포, 전주 방면의 열차가 출발하는 서울역 지상 플랫폼을 떠나서 지하철 플랫폼에 자리 잡았다. 티켓 역시도 '지하철'과 '전철'을 구분하지 않고 직통 연락운임을 수수하게 되었다. 반면 전철을 타고 기존 기차의 다른 노선을 타기 위해서는 개찰구를 나가서 다시 표를 발권해야 하게 되었으

---

50 每日經濟, 1971년 4월 8일 자, "朴大統領 참석 京仁電鐵 기공식".

니, 더 이상 경인선은 '기차'의 일부가 아니라, 새로 생겨난 '지하철'과 일체화되어 우리나라에 없던 전혀 새로운 교통수단: 일명 '도시철도'로 새로 태어난 것이다.

생소한 전철, 촘촘해진 배차, 빈발하는 사고

종래의 기차가 낮은 플랫폼(저상홈)에서 차량의 계단을 통해 탑승하던 것과 다르게, 전철은 고상홈에서 탑승하게 되었다. 이에, 개통 직전 시기를 중심으로 고상홈 관련 사고가 빈발하였다. 기존의 디젤동차는 문을 수동으로 열 수 있어서 승객이 많은 시각대에 열차 안까지 들어가지 못한 승객들, 혹은 흡연을 하고자 하는 승객들이 문 밖에 매달려서 가는 경우가 많았다. 그런데, 전철용 고상홈이 시공되자 매달려서 가던 사람들이 고상홈에 맞고 날아가서 다치거나 죽는 경우가 생겨났다. 경인선과 동시에 전철화가 진행되던 구로-수원 구간, 특히 안양역에서 겨우 두 달(1974년 4~5월) 사이에 20명 넘는 사상자가 발생했다.[51] 인천에서도 개봉역 신설 공사 현장을 지나가던 열차에 매달려 있던 인하대 재학생이 고상홈에 부딪혀 사망하는 일이 있었다.[52]

개통 전후로는 건널목 사고가 말썽이었다. 30분에 한 대 다니던 열차가 하루 10~20분 간격으로 다니게 되자, 경인선의 철도건널목들은 이전보다 더 자주 열리고 닫히게 되었다. 이에 건널목이 열리는

---

51 朝鮮日報, 1974년 4월 21일 자, 「電鐵희생」事故 늘어".
52 京鄉新聞, 1974년 8월 3일 자, "電鐵 高床폼 부딪혀 歸鄉길 大學生 숨져".

것을 기다리다 못해 무단횡단을 하는 사례가 생기기도 하고, 건널목에서 기능 고장이 일어난 차량이 충돌하는 사례가 발생하기도 하였다. 동인천-제물포 간에서는 점검을 위해 열어놓은 건널목에 차량이 그대로 들어가서 충돌한 적도 있다.[53]

건널목은 선로를 위나 아래로 우회하지 않고 그대로 통과할 수 있어서 통과하는 사람과 차량에게 편리하고 지역 간의 지리적 단절을 막을 수 있다는 점에서 좋은 횡단 수단이다. 그러나 일단멈춤을 무시하는 차마(車馬) 및 통행인의 잘못에 따라 발생하는 대형 참사들 탓에 위험한 곳이라는 이미지가 덧씌워지고 만 것이다.[54]

이에 건설부에서는 일단 사고 방지를 위해 4종 건널목(직원과 차단기가 없는 건널목)부터 먼저 2~3종으로 승격시키고, 건널목에 대한 입체화를 추진하였다. 이에 인천시내 24개 건널목[55]을 하나씩 폐쇄하기 시작하여 쑥골, 법원, 부안(현 백운), 송신(현 부개) 고가도로가 시공되었으며 남아 있던 건널목들도 이후 복복선 건설 시에 전부 사라졌다. 그런데 입체화 공사 역시 순탄하지 않았으니, 대한전척공사의 쑥골건널목 시공 중에 빔 6개(총 120t)가 내려앉는 사고가 발생하여 경인전철이 끊기는 사고가 발생하기도 하였다.[56]

------

53 朝鮮日報, 1974년 7월 12일 자, "京仁전철 차단기 撤去로 列車-택시 충돌 1명 死亡".
54 朝鮮日報, 1981년 5월 19일 자, "「획기적 裝置」는 없는가 건널목 事故".
55 朝鮮日報, 1974년 8월 25일 자, "京仁線 電鐵 개통 이후 不安한 건널목".
56 京鄉新聞, 1976년 12월 18일 자, "공사중 陸橋 내려앉아".

복복선과 급행

전철화가 완료되고 불과 10년 밖에 지나지 않은 1984년, 「수도권 교통개선 5개년 계획」에 복복선 논의가 언급되었다. 폭증하는 승객수요에 대응하기 위해서였다. 이것이 구체화된 것은 1990년으로, 복복선화 결정과 동시에 인천 관내에 도원, 간석, 부개역의 신설이 확정되었다. 경인선 전체로는 소사, 구일역의 신설이 계획되었다. 당시 여당이었던 민주자유당의 정치인들이 '역 신설은 자신의 치적'이라며 서로 홍보 경쟁을 벌였을 정도로, 당시 경인선의 수송수요가 폭주했음을 알 수 있다.

2.5. 성숙기(1990~): 대혼잡의 시대, 복복선과 급행의 등장

복선 20년, 복복선 논의가 시작되다

1984년, 교통부에서는 수도권 교통개선 5개년계획을 통해 서울과 위성도시를 연결하는 교통망을 확충하기로 하였다. 중앙선 청량리-팔당, 경부선 수원-평택, 경의선 서울-능곡, 경춘선 성북-퇴계원의 복선전철화와 함께 경인선의 복복선화도 다루어졌다. 1990년까지 경인선의 구로-인천 간을 복복선화할 것이 언급되었다.[57] 한편, 서울-

---

57　東亞日報, 1984년 12월 22일자, "首都圈交通改善5개년계획 내용 서울交通滯症에

구로 간은 한일협정(1965)에 따른 대일(對日)청구권 자금으로 1969년에 이미 개통한 상태였으며,[58] 구로–수원 간은 1981년에 복복선화 개통된 상태였다.

1987년 당선된 노태우 대통령은, 후보 시절 무려 17건의 철도 관련 공약 사업을 내놓은 바 있다. 특히 수도권 전철과 관련해서는, 3년 전 수도권 교통개선 5개년계획에 비해서도 한층 파격적인 노선들을 제안하였는데, 경춘선은 춘천까지 전체 복선전철, 중앙선 역시 용문까지의 복선전철을 제안하여 당시로서는 경기 외곽의 완연한 농촌지역에까지 전철을 넣는다는 구상을 한 것이다. 물론, 여기서도 경인선 복복선화는 빠지지 않았다. 하지만 공약이 전부 바로 실행되는 것은 아니기에 대통령 취임 1년이 지난 89년도까지도 경인선 복복선화는 착공일정과 소요예산이 결정되지 않은 완전한 구상 단계에 불과한 것이었다.[59]

1989년 10월, 한국교통연구원은 「수도권 광역전철 구축방안」을 내놓았는데, 이는 거의 2026년 현재 광역철도망의 모체라고 할 수 있다. 이 안(案)의 의의는, 이제까지 경인선 복복선화의 담론이 수송수요의 감당, 위성도시와의 연결, 대통령 공약의 레토릭 정도에 머물러 있던 것을, 서울을 중심으로 한 방사형, 경기·인천 지역을 순환하는 광역철도 노선들을 구성하는 주축 노선으로 한층 끌어올렸다는 데에 있다.[60]

「總括처방」; 朝鮮日報, 1984년 12월 25일 자, "京仁 새 高速道 87년 착공".

58 每日經濟, 1966년 7월 29일 자, "7個商社應札 漢江鐵橋復舊 資材購買에"; 每日經濟, 1969년 6월 28일 자, "漢江AB 철교개통".

59 東亞日報, 1989년 2월 23일 자, "盧대통령 선거 公約「空約」많다".

광역전철 구축계획이 실현에 이른 것은 1991년으로, 경인선 복복선의 타당성 조사가 시작되었으며, 철도청에서는 복복선의 운용방식을 제시했다. 복선 선로 양쪽에 선로 하나씩을 더 놓고, 가운데 선로 두 개에는 일부 주요 역만 정차하는 '준급행' 열차와 모든 역에 정차하는 '완행'열

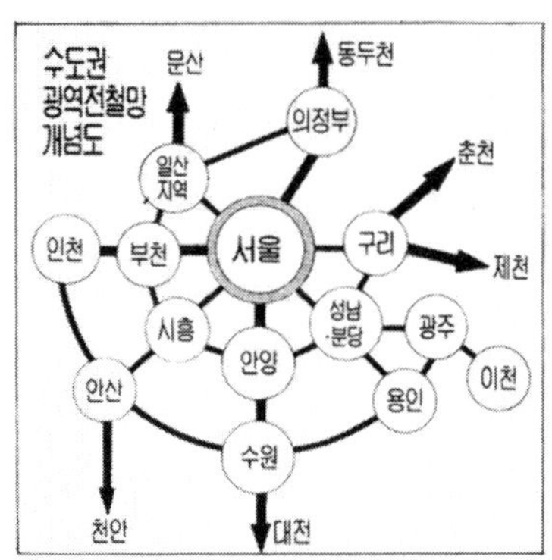

[그림 2-9] 수도권 광역전철망 개념도
조선일보(1989. 10. 31.)

차를 운행하는 것이었다. 이렇게 하면, 가령 서울에서 부천 중동역(완행만 정차)에 간다고 했을 때, 준급행에 탑승해서 부천역에 하차 후 나머지 한 정거장은 완행으로 바꿔 타고 갈 수 있게 되며 이는 완행만 줄곧 타고 가는 것보다 그 시간이 줄어든다는 것이다. 이러한 방식은 현재의 완행·급행 방식과 완전히 동일하다.

또한, 경인선의 인천 방면 종점을 인천역뿐만 아니라 주안역에서 갈라지는 지선(支線)을 통해 송도-남동-안산 등 혹은 구월동-남동-안산 등까지 연장하는 방안을 제시하였으나 이는 결국 실현에 이르지 못하였다.[61]

설계 예산이 편성된 1990년, 한겨레신문은 경인선의 복복선을 촉구하는 특집기사를 신문지면 한 페이지 전체를 할애하여 편성하였다.

60　朝鮮日報, 1989년 10월 31일 자, "現 통근자 1.3배 645萬명 수송목표".

61　東亞日報, 1990년 9월 30일 자, "京仁線 97년까지 複複線 확장".

이 편성의 르포에서는 10량 편성의 전철이 출발역인 인천역과 그 다음 역인 동인천에서 이미 좌석·입석 할 것 없이 만원(滿員)이 되어 결국 한 칸에 400명 남짓을 꽉꽉 채우고 아수라장이 된 상태로 서울로 가는 일상을 그려냈다. 그야말로, 신음과 욕설, 승객들의 몸에서 나오는 악취가 뒤엉킨 지옥도(地獄道)의 모습을 보였으며, 2호선과의 환승역인 신도림역에서는 환승 통로를 통과하는 데에 10분 이상 걸린다는 이유로 승객들이 단체로 울타리를 뛰어넘어 2호선 역으로 내달리는 모습과 그 모습을 보고도 아무 제지도 할 수 없는 무기력한 역무원의 모습이 오버랩되었다.[62] 같은 해 조선일보에서는 '20여 년 간의 경인 간 인구 증가와 경제활동의 확대에 비해서 교통투자가 거의 이루어지지 않았다'며, 이러한 근시안적 정책 부재로 인해 전동차 한 칸에 보잉 747 점보기보다도 더 많은 사람을 태우는 지경이 되었다고 비판하였다.[63] 경인선의 과밀 수송 문제가 더 이상 좌시할 수 없는 상황까지 간 것이다.

이원철 전철폭파협박 사건, 그리고 시민들의 선처 요구

경인선 전철의 과밀 수용 문제를 적나라하게 보여주는 사건이 1996년 발생하였다. 부개2동 사는 동아대 철학과 출신 금우전자 영업과장

---

62 한겨레신문, 1990년 11월 27일 자, "집중취재 전철-지하철 언제까지 '지옥철'인가 객차안 곳곳에서 신음·비명·욕설".
63 朝鮮日報, 1990년 11월 6일 자, "京仁電鉄의 시민항의".

37세 이원철 씨가, 2월 3~4일 주말 간 부평역에 연달아 협박전화를 걸어서 전철을 폭파시키겠다고 한 것이다. 이원철의 요구사항은 '전동차 지연 운행에 대한 철도청장 명의의 사과문 게시'였다.[64] 경찰은 성문(聲紋) 분석과 전화 역추적 등 당시 최고의 과학수사 기법을 활용하여 약 3천 5백 명의 용의자 중 이원철을 특정해냈고, 결국 협박전화가 걸려온지 2주만에 그를 구속할 수 있었다.[65]

　하지만 여론도, 언론도, 재판부도 이 사건에 대해 '폭파협박범' 이원철에게만 잘못을 돌리지 않았다. 근면한 직장인이었던 그가 전철 폭파협박이라는 행동을 하기까지 겪어야만 했던 인고(忍苦)의 시간들과 그 원인인 경인전철의 과밀수송 문제에 집중한 것이다. 중앙 일간지들은 너나할 것 없이 구속된 이원철에게 온정적인 기사를 쏟아내는 한편, 재판부마저도 "재판부는 '철도 지연과 시민 불편에 의한 것으로, 그 책임을 개인에게만 오롯이 돌릴 수 없다"며 징역 8월에 집유 2년을 선고, 그를 가족의 품으로 돌려보냈다.

　요즘은 폭파 협박이라고 하면 반사회적인 일탈행위라는 인식이 짙게 깔려 있고 당시에도 그 정서가 크게 다르지 않았으리라고 생각되지만, 그럼에도 폭파협박범 이원철이 사회구성원들로부터 동정과 이해의 시선을 받을 수 있었던 것은 전철의 지연, 과밀수송 등 서비스 수준이 폭파 협박보다도 더 반사회·반인륜적인 수준이라는 점에 사회적

64　東亞日報, 1996년 2월 6일 자, "'電鐵 지연 계속되면 폭파' 협박 철도청 사과문게시 소동".

65　朝鮮日報, 1996년 2월 22일 자, "'지각 電鐵 경종 울리려 했다' 폭파협박법은 평범한 30代 직장인".

공감대가 형성되었기 때문이라 하겠다.

경인선 직통? 급행? 명칭에 관한 이야기

경인선의 2복선은 앞에서 본 바와 같이 감당하기 어려운 차내 혼잡을 완화하기 위해 선로용량 증대를 통한 열차 증편에 그 목적이 있었다고 볼 수 있다. 그런데 여기서 특기할 것은 이렇게 늘어난 선로를 활용하여 급행운행을 개시했다는 것이다. 구간별로 정차역을 줄인 열차를 도입함으로써, 인천-서울 사이 통행시간을 단축하고 완급결합을 시도하게 되었다.

이러한 방향성의 실체적 구현은 1999년 경인선 복복선 일부 개통(부평-구로) 때에 나타났다. 2복선 중 안쪽의 두 개 선로를 달리는 열차가 '직통'이라는 이름을 달고, 부평에서 용산까지 송내, 부천, 역곡, 구로, 신도림, 영등포, 신길, 대방, 노량진의 9개 역만을 정차하게 된 것이다. 역을 한 개 통과할 때마다 소요시간이 약 1분 정도 단축된다고 보았을 때, 총 7개 역을 통과(부개, 중동, 소사, 온수, 오류동, 개봉, 구일)하는 '부평역직통'과 '용산역직통'은 전 구간을 탑승하였을 때 약 7분 정도를 절약하게 되었다고 간주할 수 있다.

물론, 이 '직통'이라는 용어를 이러한 급행운행 계통에 사용하는 것은 명백히 어폐(語弊)가 있었다. 철도 분야에서 사용할 수 있는 '직통(直通)'의 뜻은 첫째로 '어디 다른 곳에 들르지 않고 목적지까지 곧장 가는 것'이다.[66] 그 대표적인 사례로는 인천국제공항철도의 '직통열차'가 서울역에서부터 인천공항제1, 2터미널까지 중간 정차역 없이 이동하는 것을 들 수 있다.

두 번째로, 설령 국어사전에는 명시되어 있지 않지만, 철도 관련해서는 여러 노선, 구간, 철도사업자에 구애받지 않고 상호 횡단적으로 운행하는 형태를 '직통'이라일컫기도 한다. 대표적으로, 도쿄메트로 후쿠토신선(副都心線)에 다른 민간사업자인 도부(東武), 도큐(東急), 세이부(西武), 요코하마고속철도(横浜高速鉄道) 등의 열차가 직접 들어오는 사례를 들 수 있다. 이는 도시 외곽지역을 운영하는 사업자와 도시 내부의 철도를 운영하는 사업자가 서로 연계하여, 고객에게 도시 외곽에서 도시 내부까지 환승 없이 이동할 수 있는 편의를 제공한다. 우리나라에서도 서로 다른 철도 운영 주체가 직통운행하는 사례가 여러 곳 있다. 서울메트로 1호선(서울역–청량리)이 코레일의 경인선, 경원선, 경부선 광역철도와 직통운행을 하거나, 3호선(지축–오금)이 코레일의 일산선과 직통운행을 하는 등의 사례가 대표적이다. 따라서, 상기한 두 가지 용례 모두에 해당되지 않는 '부평직통'과 '용산직통'은 부적절한 이름이었으며, 결국 2003년 운행 취지에 맞는 '급행'으로 명칭이 변경되었다.

생각보다 미미한 경인선 급행의 증속(增速) 효과

한편, 경인선의 복복선화가 진행됨에 따라 2002년에는 주안까지,

---

66 국립국어원 표준국어대사전, 〈표제어 '직통'〉, https://stdict.korean.go.kr/search/searchView.do?word_no=479810&searchKeywordTo=3, 2026년 1월 19일 접속.

2005년에는 동인천까지 2복선, 즉 급행 구간이 연장되었다. 물론, 이렇게 급행 구간이 연장되었다고 해서 인천 시민들이 체감하는 시간감각, 거리감각이 드라마틱하게 변화한 것은 아니었다.

그 이유는 급행열차의 동인천-용산 전 구간 소요 시간은 47분으로, 완행의 58분에 비해 단 11분밖에 단축되지 않기 때문이다. 현재 부평역을 기준으로 서울 방면의 급행(특급 포함, 부천·구로 종착 포함)은 일 98회 운행 중에 있으나, 그 과반수인 50회가 오전 6~8시와 오후 6~8시 사이에 몰려 있어서, 사실상 그 외의 시간대에는 시간당 3~4회 남짓의 운행이 되고 있다. 즉, 승객의 입장에서는 15~20분 간격으로 오는 급행을 무리해서 기다리느니 완행열차를 타는 편이 목적지에 더 빨리 도착하는 경우가 허다한 것이다. 이러한 측면에서 보면, 경인선 복복선의 의의는 인천-서울 간의 증편(增便)으로 보아야지, 증속(增速)에 그렇게까지 큰 의미를 부여하기는 어렵다고 보인다.

경인선의 대체자들: 인천과 연결되는 여러 선로들의 등장

2010년대 이후 서울-인천 간에는 인천국제공항철도, 서울지하철 7호선 등이 등장하였으며, 기존의 경인선과 교차하는 인천지하철 2호선도 등장하였다. 이에 따라 경인선의 독점적 위상은 점차 약해지고 다핵적인 철도 네트워크 구조가 형성되었다. 이는 단순히 "노선이 늘었다"는 차원을 넘어, 인천-서울 간 장거리 통근 흐름과 인천 내부의 이동 패턴, 그리고 경인선 각 역의 이용 규모와 기능이 재편되는 계기가 되었다.

　우선, 2010년 인천국제공항철도 전구간 개통은 경인선 이후 처음으로 인천과 서울을 직결하는 새로운 장거리 철도축의 탄생이라는 점에서 중요하다. 경인선이 인천–서울 도심을 잇는 전통적 축이었다면, 공항철도는 인천공항·영종도·청라(이후 개통)를 경유하여 서울역까지 연결하는 또 다른 축을 제공하였다. 검암역과 계양역은 서구와 계양구에서 서울로 향하는 수요에 있어서 경인선 이외의 새로운 선택지를 제공하였다. 또한, 2000년 이후 입주한 영종도 신공항 일대에서 서울로 향하는 새로운 수요를 처리할 수 있께 되었다. 특히 공항철도는 서울 내에서도 경인선이 경유하지 않는 김포공항·디지털미디어시티·홍대입구 등 대형 거점을 경유하는데다가, 9호선과의 환승 역시도 계단을 오르내리지 않는 구조로 되어 있어 강남(신논현)까지도 준직통 네트워크를 구축하게 되었다. 이는 단순한 서울 도심 진입의 의미를 넘어 공항–인천 서구·계양구–서울의 신흥 부도심 간 네트워크라는 새로운 성격으로도 해석할 수 있겠다.

　한편, 2012년에는 서울지하철 7호선이 온수에서 부평구청까지 연장되었고, 2021년에는 부평구청–석남 간이 연장되었다. 경인선과 겨우 2~3km 버퍼를 두고 병주하는 또 하나의 동서축 지하철 노선이 등장한 것이다. 7호선은 광명·구로·대림·건대입구·강남구청·논현·부평구청 등 서울 남부와 인천의 주거·상업·업무 거점을 장거리로 연결하면서, 종전 '경인선 + 2·7호선 환승'에 의존하던 통근 패턴에 변화를 가져왔다.

　특히 부평, 부개 일대에서는 7호선 개통 직후 경인선 수송량의 감소가 뚜렷하게 나타났다. 1호선 부평역은 2000년대 중반 이후 2012년

까지 하루 평균 약 7만 명대 이용객을 유지했으나, 7호선 개통 직후
인 2013년에 7만 명 선이 무너졌다. 부개역 역시 2012년 25,720명에
서 2013년 22,269명으로 10% 이상 감소해, 인접한 7호선 역(삼산체육
관·굴포천 등)으로의 수요 이동이 적나라한 수치로 드러났다. 이는 경
인선이 더 이상 인천-서울 이동의 유일한 철도축이 아니며, 7호선이
경인선의 역할을 부분적으로 대체·보완하고 있음을 보여준다.

　2016년 개통한 인천2호선은 직접적인 '대체 노선'이라기보다, 경인
선과의 환승을 통해 인천 내부 이동 패턴을 바꾼 노선으로 해석할
수 있다. 2호선은 남동구-주안-서구(가정·서구청 등)를 ㄴ자형으로
연결하는 구조로, 기존에는 경인선 동암역에서 하차해 마을버스나 시
내버스로 이동하는 것이 효율적이었던 남동구·서구 방면 이동을, 지
하철 간 환승으로 처리할 수 있게 만들었다. 그 결과 동암역은 직격탄
을 맞았다. 2016년 하루 47,422명이던 승객 수는 2017년 40,376명,
2018년 37,207명으로 감소했고, 코로나19 사태 이후에도 예전 수준을
회복하지 못하고, 2024년 현재 약 3만 명 수준의 역으로 내려앉았다.
가장 이용객이 많았던 1993년(99,802명)에 비하면 약 70% 가까운 감소
로, "인천 1기 베드타운-경인선 중심 통근 패턴"이 상당 부분 해체되
었음을 시사한다.

　동암역의 이러한 승객 수 감소에는 2021년 개통한 서울7호선 부평
구청-석남 간의 연장도 일조하였을 것이다. 서울7호선과 인천2호선
의 직접 환승이 이루어지면서, '(구로, 대림, 논현 등)-7호선-(온수)-
1호선-(동암)-마을버스-(서구)'의 루트가 '7호선-(석남)-2호선-(서
구)'로 단순화되면서 농암역의 환승 기능이 죽소되었기 때문이다.

정리하자면, 인천국제공항철도는 인천 서구·계양·신공항과 서울을 잇는 새로운 장거리 축으로, 7호선은 경인선과 병주하는 동서축으로, 2호선은 인천 내부를 순환·횡단하는 환승축으로 작동하면서, 경인선의 수송 부담을 분산시키는 동시에, 역별 위상 재편을 촉발하였다. 경인선은 여전히 인천-서울 간 핵심축이지만, 이제는 단일 독점축이 아니라, 복수의 철도축이 서로 보완·경쟁하는 다핵적 네트워크의 한 축으로 자리 잡았다고 평가할 수 있다.

정치적 상징물로서의 '특급', 제물포와 동암의 희생

2017년 7월 7일, 경인선에 이른바 '특급열차(이하 특급)'가 도입되었다. 평일 부평역 기준 당시 서울 방면 급행 106회 가운데 10회를 특급으로 전환한 것으로, 정차역은 동인천, 주안, 부평, 송내, 부천, 구로, 신도림, 노량진, 용산이었다. 이후 2022년 6월부터는 역곡과 영등포에 추가 정차하는 변경이 있었다. 특급 도입으로 동인천-용산 구간의 소요시간은 기존 급행 대비 약 7분, 일반 완행 대비 약 20분 단축되었다고 홍보되었고, 실제로 동인천-용산 기준 특급은 약 40분, 급행은 약 47분이 소요되는 것으로 제시되었다.

그러나 특급은 기존 급행과 같은 선로(내선)를 사용하며, 하위 등급인 급행을 추월하지도 않기 때문에, 이용자 관점에서의 체감 속도 향상은 제한적이었다. 특급이 도입되었다고 해서 경인선 전체 운행 체계가 재설계된 것도 아니고, 급행·완행 간 완급결합을 통해 네트워크 효율을 근본적으로 끌어올린 것도 아니다. 이름은 '특급'이지만, 실제

기능은 기존 급행의 정차역을 줄여 시간표상 소요 시간을 조금 줄여
둔 수준에 불과하였다.

문제는 이 '특급'이 기존 급행과 별개로 증편된 계통이 아니라, 기존
급행 106회 가운데 10회를 특급으로 전환해 만들어졌다는 점이다. 경
인선 급행은 제물포·주안·동암·부평·송내·부천·역곡·개봉 등
에 정차하는데, 특급 도입과 함께 제물포와 동암은 특급이 통과함으로
써 급행 정차 횟수가 하루 10회 감소하는 결과를 맞았다. 즉, 소요시간
단축이나 급행·특급 간 추월 구조 같은 운영 효율 개선 없이, 특정
역(제물포·동암 등)의 급행 공급만 줄어드는 '배제'의 효과가 더 크게
나타난 셈이다.

특급 도입은 문재인 정부가, 대통령 후보 시절 추진한 '수도권 광역
급행철도 확충' 공약을 실현하기 위해, 이미 복복선이 깔려 선로 운용
의 융통성이 있는 경인선을 대상으로 시행한 정책이었다.[67] 그러나
실상은 '확충'이라기보다 기존 급행을 빼서 특급으로 재배치한 성격이
강했기 때문에, 결과적으로는 윗돌 빼서 아랫돌 괴는 식의 기형적인
운행 체계가 만들어졌다. 문재인 정부 임기 초반, 공약 이행의 '가시적
성과'에 매달린 나머지, 실제 이용자 편익과 네트워크 전체의 효율성
에 대한 고민이 부족했던 정책으로 평가할 수 있다. 이 과정에서 제물
포와 동암 등은 '광역급행철도 확충'이라는 이름 아래 급행 정차 횟수
감소라는 손실을 떠안게 된 피해자에 가깝다.

2026년 현재 경인선 급행 계통은 특급을 포함해 평일 기준 98회(특

67　연합뉴스, 2017년 5월 26일 자, "용산~동인천 노선 '초급행 열차' 6~7월부터 투입".

급 7회+급행 91회) 운행으로, 특급 도입 직후와 비교해 전체 급행 계통
은 오히려 감소한 상태다. 도입 당시 특급 전환으로 하루 급행 운행이
편도 106회에서 96회로 줄어들었다는 점을 감안하면, '광역급행열차
확충'이라는 정책 목표는 10년여의 시간이 흐른 지금, 정권이 두 번이
나 바뀐 현재에 이르러 사실상 설득력을 잃어가고 있다. 정차역이 조
금씩 조정되고 운행 횟수도 미세하게 변해 왔지만, 결과적으로 '급행/
특급 공급의 양적·질적 확대'라는 초기의 구호는 상당 부분 공허한
수사로 남은 셈이다.

특급 신설로 가장 직접적인 피해를 본 역은 제물포, 동암, 역곡,
개봉 등 네 개 역이다. 이들 중 일부는 '특급 피해자'임을 자각하고,
특급을 사실상 무력화시키는 방향으로 예전 급행 정차 수준을 회복하
려는 움직임을 보였다. 특히 부천 병 지역구의 김상희(더불어민주당)
의원은 코레일과 국토부를 상대로 역곡역 특급 정차를 집요하게 요구
했고, 그 결과 2022년 6월 20일부터 역곡역 특급 정차를 관철시켰다.
김 의원은 SNS와 의정보고서 등을 통해, 줄어든 급행과 특급 미정차
로 인해 역곡 일대의 혼잡과 불편이 심각해졌다고 지적하며, 국토부
2차관 등과의 직접 협의를 통해 특급열차 전체 정차를 이끌어냈다고
밝힌 바 있다.[68]

이 과정에서 눈에 띄는 점은 철도 운영 주체인 코레일이 기술·운영
상의 문제를 이유로 난색을 표했음에도, 상위 부처인 국토부에의 압박

68　김상희, 〈드디어 역곡역에 특급열차가 섭니다! | 국회의원 김상희〉, https://blog.
naver.com/shk407/222773916886, 2026년 1월 19일 접속.

을 통해 '기술적인 사안을 정치적으로 해결'했다는 대목이다. 이는 한국 철도 운영이 이용자 수요와 운영 합리성에 기반한 '자율적 조정'이라기보다, 여전히 중앙 정치·행정 권력에 강하게 종속된 구조임을 보여주는 사례이기도 하다. 한편 역곡에 이어 영등포 등에도 특급 정차가 확대되면서, 최초 도입 당시 특급이 통과하던 역들 가운데 일부는 다시 정차역 지위를 회복했다.

현재 특급 도입의 직접적 피해자로 남은 역은 제물포, 동암, 개봉 정도로 압축된다. 이들 지역에서 역곡의 사례처럼 국토부와 코레일을 상대로 정치적·사회적 압박을 가해 특급 정차를 관철한다면, 특급은 사실상 기존 급행과 거의 구분되지 않는 정차 패턴을 갖게 될 가능성이 크다. 그렇게 되면 10년 전 정치노선으로 졸속 시행된 '특급'은 끝내 타도되어 역사 속으로 사라질 것이다.

경인선 특급은 '더 빠른 열차'도, 열차 공급의 증편도 아니었다. 특정 대통령 후보의 공약 이행과 정치적 성과를 위해 기존 급행을 재배분한 상징적 장치에 가까웠고, 이후 지역 정치의 압력 속에서 점차 그 상징성마저 희석되는 도중에 있다.

욕망과 현실성의 괴리: 철도지하화 특별법

철도지하화 특별법이 지역에서 주목받는 주제가 되고 있지만, 실상을 뜯어보자면 겉으로는 '도시재생'과 '삶의 질 향상'을 내세우지만, 사실은 정치적 욕망이 먼저이고 재정·기술·도시계획적 현실을 배제한, 상당히 허황된 정책에 가깝다.

2024년 제정된 「철도지하화 및 철도부지 통합개발에 관한 특별법」은 경인선을 포함한 주요 지상철도 노선의 지하화를 가능하게 하는 법적 틀을 제공한다. 이인영(당시 구로을), 권영세(용산), 허종식(동구미추홀갑) 등 수도권 선로 인근 지역구의원들이 발의한 여러 법안을 국토교통위원회에서 취합·조정해 대안 형태로 만든 것이다. 사실상 '철도가 지나는 지역을 지역 현안으로 안고 있는 거의 모든 수도권 의원들의 정치적 이해가 얽힌 법'이라고 봐도 과언이 아니다.

그들의 주장은, 철도는 도시 성장을 견인해 온 인프라였으나, 도시 팽창으로 선로 인접부까지 주거지역이 확장되면서 생활권 단절, 소음·분진, 안전 우려 등 민원이 누적된 것도 사실이기 때문에 이런 문제를 해소하자는 명분으로 철도지하화를 해야 한다는 것이다. 그리하여 실제로 2025년 대선에서 이재명·김문수 양 후보의 공약에 나란히 이 특별법의 실현이 포함(그림 2-10)되었고, 이후 집권한 이재명 정부 국정과제에도 포함되었다. 그러나 '지하화가 필요하다'는 인식과 '지하화를 실제로 감당할 수 있는가'는 전혀 다른 문제이다. 기존 철도 건설 사업 체계로는 추진이 곤란하고, 막대한 사업비용을 조달할 현실적 방안이 마땅치 않다는 점이, 정부·연구기관 자료에서 반복해서 지적되어 오고 있다.

특별법이 제안하는 방식은 겉으로만 보면 단순하다. 국토부 장관이 '철도지하화 통합개발 종합계획'을 만들고, 광역시는 이를 바탕으로 노선별 '기본계획'을 세운다. 사업비용은 원칙적으로 사업시행자가 부담하고, 지하화 비용은 철도부지 상부 개발에서 발생하는 수익으로 충당한다. 지자체는 일부 비용을 보조·융자할 수 있고, 국토부 장관

[그림 2-10] 여야 할 것 없이 '철도 지하화' 실행을
공약으로 들고나온 2025년 대통령 선거

필자 촬영(2025. 5. 20.)

은 국유 철도부지를 현물출자할 수 있으며, 사업시행자는 철도지하화 통합개발채권도 발행할 수 있다. 여기에 용적률·건폐율 완화, 부담금 감면, 기반시설 지원 등 각종 특례까지 얹어 준다. 요약하면, 철도는 땅 속으로 넣고, 그 위에는 고밀 복합도시를 지어 수익으로 비용을 메운다는 구상이다.

문제는 이 그림이 지금까지의 투자를 통째로 부정하고, 미래 세대에게 막대한 재정 리스크를 떠넘기는 구조라는 점이다. 경인선 복복선화, 경의중앙·경원선 전철화 등은 2000년대 들어서야 겨우 결실을 본 사업들이다. 수십 년에 걸쳐 투입된 막대한 선로·전철화·역사·입체교차 투자비를 "그냥 다 매몰비용으로 처리하고, 싹 나 살아

엎어서 지하로 다시 짓자"는 발상은 인프라 투자 원칙을 스스로 부정하는 것이다. 좋은 인프라를 어렵게 구축해 놓고, 그 위에 도시가 형성되자마자 "보기 싫고 시끄러우니 없애자"는 요구는, 철도가 도시보다 먼저 놓였다는 역사적 순서를 무시한 채, 토지이용자들의 이익을 위한 활동에 들어가는 비용을 국가 재정에 전가하자는 주장에 가깝다.

더구나 철도는 19세기 이후 국가 주도로 부설되었고, 도시는 그 인프라를 기반으로 성장해 왔다. 생활권 단절과 소음·분진이 문제라면, 우선 토지소유자·입주자가 방음벽, 복개, 부분 지하화 등 완화 수단을 비용을 분담해 추진하는 것이 상식에 가깝다. 그런데 특별법은 국고와 행정 역량을 동원해 특정 지역의 토지가치를 극적으로 끌어올리는 데 사실상 봉사하는 구조로 설계되어 있다. 이는 '공적 재원을 누구의 계층·어떤 자산에 우선 배분할 것인가'라는 문제에 심각하게 부딪힐 수 있다.

현실적인 제약은 더욱 냉정하다. 첫째, 철도 자체의 물리적·기술적 조건 때문이다. 대부분의 지하화 대상은 이미 하루 수백~수천 회 열차가 다니는 기존 지상 노선이다. 공사 기간 동안 운행을 끊을 수 없으니, 지상선은 계속 돌리면서 그 아래에 완전히 새로운 신선(新線) 터널을 뚫어야 한다. 이는 일반적인 신규 도시철도보다 훨씬 난공사이며 공사비도 크게 증가한다는 것이 국내·외 연구의 공통된 평가이다. 철도는 수 km~수십 km에 이르는 연속 선형 구조물이라, 일부만 지하화해도 지상·지하 접속부, 역사의 환승 동선, 인접 노선과의 연결선까지 모두 새로 설계·시공해야 한다.[69] 공구를 나눠 공사하면 구간별 개통 시기가 어긋나고, 최악의 경우 선로가 특정 지점에서 장기간 '끊

긴 상태'로 남을 위험까지 존재한다는 사례 분석도 있다.

둘째, 사업비 규모와 투자 리스크가 차원이 다르다. 서울기술연구원은 2022년 용역에서 서울시내 71.6km 지상철도 지하화 비용을 약 32조 6천억 원으로 추정했다.[70] 또한, 부산시의 화명–부산 간 19.3km는 약 8조 3천억 원, 대구광역시의 경부선 지하화에는 약 8조 1천억 원이 예상되었다.[71] 국토부가 제시한 교통 인프라 지하화 3대 전략에서는 철도·도로 지하화 사업비 총액을 65조 2천억 원 수준으로 제시하기도 했다. 해외 사례를 보더라도 파리 리브고슈 등 3km 내외 구간에 수조 원대가 투입되며, 1km당 비용이 4,000억 원 정도로 도시철도·고속철 건설비 상당 수준에 달한다는 지적이 있다.[72] 여기에 철도지하화 사업은 단순한 재개발과 달리, 철도 터널·방재·궤도·신호·환기 등 철도 신선 건설비와 상부 인공지반·건축물 건설비를 모두 떠안는 구조다. 기존 도심 재개발이 이미 깔린 인프라 위에서 건물만 갈아엎는 사업이라면, 철도지하화는 인프라와 건물을 동시에 새로 짓는 이중 투자로, 단위 면적당 투자액이 훨씬 높다.

셋째, 지하화 비용을 상부 개발 이익으로 충당하겠다는 발상 자체가 부동산·금융 사이클에 과도하게 의존한다. 경기 침체, 금리 상승,

---

69 박선동, 2024, 「철도지하화 통합개발 추진 경위와 향후 방향」, 『월간 교통』 317, pp.17–21.

70 서울기술연구원, 2022, 『지상철도 지하화 추진전략 연구』.

71 한국경제, 2024년 1월 19일 자, "철도 지하화법 통과됐지만 수조원대 자금조달 막막".

72 매일일보, 2024년 3월 10일 자, "[기획] 역대 정권들도 시도한 철도 지하화, 왜 실패했나".

채권 발행 부진 등이 겹치면 공사기간이 늘어나고 금융비용이 눈덩이 처럼 불어날 수 있다는 경고가 이미 다수 제기되어 있다. 사업성이 낮은 구간까지 정치적 요구에 밀려 지하화를 추진할 경우, 지자체와 공기업은 장기채와 운영 부담을 떠안게 되고, 수 조~수십 조 원 규모 의 채무가 지방 재정을 잠식할 가능성이 크다. 실제로 재원 조달 가능 성에 대한 시민들의 회의와, 재정 여력의 심각한 제약을 지적하는 연 구들이 꾸준히 발표되고 있다.[73]

마지막으로, 선형 부지라는 물리적 한계 때문에 상부 개발의 사업 성도 과대평가되어 있다. 철도 상부에 생기는 부지는 폭 30~40m 안팎 의 길고 가는 선형인 경우가 많다. 이런 부지는 동선 계획과 건물 배치 가 비효율적이고, 일부 구간은 완충녹지·보행로 정도만 가능한 너비 에 그치기 쉽다. 경인·경부선 등 대도시 철도 주변은 이미 주택·상 가·도로가 빽빽이 들어선 상태라, 상부 인공지반 위에 건물을 올린다 고 해서 획기적인 부가가치를 내기 어렵다는 평가도 많다. 실제 서울시 연구에서도, 지하화 후보 구간 전체가 아니라 정비 수요와 개발 적합성 이 높은 일부 구간만 우선 지하화하는 전략이 필요하다고 강조하고 있다.

그럼에도 정치권은 선거 때마다 "우리 지역 지상철 전면 지하화", "철길 위를 공원·복합도시로"라는 구호를 반복해 왔다. 철도지하화 특별법은 이런 정치적 욕망을 제도화한 결과물에 가깝다. 법 조문은

---

73   구세주, 2024, 「철도지하화사업, 특별법만으로는 부족: 사업성 확보가 핵심」, 『국 회입법조사처보』 2241, pp.1-4.

그럴듯한 종합계획·용적률 특례·채권 발행 규정을 나열하지만, 정작 누가, 얼마를, 어떤 리스크를 감수하며, 무엇을 포기할 것인지에 대해서는 충분히 답하지 못한다. 결과적으로 이 법은, 막대한 공공 재원을 특정 선로 인근 토지의 자본가치 상승에 동원하면서, 실질적인 교통·도시 효율성 개선과는 거리가 먼 집단적 욕망의 제도화라는 비판을 피하기 어렵다.

한편, 현실성의 부재를 넘어서, 철도 지하화 요구 자체가 사회에 피해를 입히는 악질적인 행위라는 주장도 있다. 교통 칼럼니스트 박장식은, "역은 그 자리에 있기를 원하고, 편리한 이동을 하기를 원하고, 그리고 가장 중요한 역세권 개발 호재는 누리고 싶으면서, 내가 그 인프라를 누리기 위해 불가피하게 겪어야 하는 아쉬운 점을 가장 비싼 예산을 써서 해결하겠다는 점은 이기주의이다"라며 지하화를 통해 이익을 얻는 일부를 위해 공사의 불편함, 파행 운행, 사고 위험, 혈세의 낭비를 야기하는 철도 지하화 요구 자체를 비판하기도 하였다.[74]

GTX-B 개통 이후 경인선의 역할

GTX-B는 그야말로 속도의 혁명을 가져올 것이다. 이제 경인선은 속도의 측면에서 인천-서울 간 이동의 제1옵션이 아니게 되는 것이다.

경인선 축의 미래를 생각할 때, 부평 이서 구간에서는 경인선 전체

---

74 오마이뉴스, 2024년 11월 17일 자, "또 다시 스멀스멀… '철도 지하화', 혈세 써서 지역 불균형 키우나".

를 운용하는 것보다 '부평에서 GTX-B로 어떻게 잘 갈아타게 할 것인가'가 더 중요한 과제가 될 가능성이 크다. GTX-B 개통 시 부평역은 송도-서울-청량리의 고속 연결축이 되고, 서울역에서 GTX-A로 환승하면 삼성역 및 경기도 각지로의 이동시간도 급격히 단축된다.

이 경우 인천-부평 구간의 경인선은 과거의 장거리 통근축이 아니라, 'GTX로의 접속을 위한 셔틀 공급의 역할'이 전략적 핵심이 될 수 있다. 다시 말해, 인천-부평 구간에서의 목표가 예전처럼 경인선 자체로 빠르게 가는 것이 아니라, '부평에서 GTX-B로 매끄럽게 갈아타도록 만드는 것'으로 재조정될 필요가 있다.

이러한 구조 변화 속에서, 지금의 경인선 급행 체계가 과연 그대로 의미를 유지할 수 있는지에 대해서도 의문이 제기된다. GTX가 개통되면 동인천-부평-서울·청량리 구간의 고속 이동 수요 상당 부분이 GTX로 이동할 것이고, 동인천-용산을 속달로 한 방에 연결할 필요성은 줄어들 수밖에 없다. 여기에 승객 수 급감이 겹치면, 완행·급행을 나누어 운행하는 것 자체의 효용도 떨어질 가능성이 있다.

그렇다면 경인급행을 위해 만든 복복선의 가치는 어디에 두어야 하는가? 더 이상 속도 경쟁에서 GTX를 이길 수 없다면, 서비스 구조를 재설계하는 것이 필요하다. 예를 들어, 경인선 내선을 급행선이 아니라, 좌석 구성·혼잡도 관리·환승 편의에서 구분되는 서비스를 제공하는 선로로 재구성할 것을 검토할 필요가 있다.

2026년 현재 동인천-용산 구간의 시각표상 소요시간은 급행 47분, 완행 58분 정도지만, 코레일의 만성적인 운행 지연을 감안하면 실제 체감 이동시간은 이보다 최소 5분 이상 더 걸리는 경우가 많다고 볼 수 있다. 이 50~60분 안팎의 통행시간은 일반철도 기준으로 서울—대전, 청량리—원주 정도에 해당하는 거리감이다. 이 정도 시간을 매일 입석으로 이동하는 것은 상당한 피로를 초래하며, 장기적으로는 다른 교통수단이나 노선(예: GTX)으로의 이탈을 부추길 수 있다. 그렇다면 경인선이 GTX와 차별화할 수 있는 지점은 '속도'가 아니라, 오히려 '앉아서 갈 수 있는 시간'일 수 있다.

제안할 수 있는 하나의 전략은, 경인선에 착석보장이 가능한 서비스(지정석, 특실, 유료 좌석 등)를 도입해 지불 여력이 있는 고급 수요를 유치하는 것이다. GTX는 차량 구조가 입석 위주로 설계되고 있고, 현재의 경인선과 인천1호선, 7호선 등이 실어나르는 여객을 감당하느라 혼잡이 심할 가능성도 크다. 반대로 경인선은 표정속도 면에서 GTX보다 절대적으로 느린 것이 불가피한 만큼, 좌석형·쾌적성 중심의 서비스를 통해 '느리지만 편안한 통근'이라는 방향으로 포지셔닝을 달리할 수 있다. 예를 들어 급행선로를 달리는 편성은 지정석·특실 위주로 구성하고, 일정 수준의 요금을 더 내는 대신 확실한 착석·조용한 객실 환경·노트북 사용이나 휴식이 가능한 공간을 제공하고, 완행 선로는 현재의 1호선을 운행하는 방식이다. 이는 경인선이 GTX 개통 이후에도 독자적인 경쟁력을 유지하는 데 도움이 될 수 있고, 지정석 요금, 특실 요금 등 서비스 요금 수취를 통해 전체 운임을 올리지 않고도 객단가를 올리는 데에도 도움이 될 것이다.

결국, GTX-B 개통 이후 경인선의 전략적 역할은 '서울까지 최대한 빨리 달리는 축'에서 '부평역을 거점으로 하여 동인천, 주안 등의 원도심과 GTX를 연결하는 셔틀 제공자이자, 지불 능력이 있는 중장거리 통근자를 위한 좌석 중심 서비스 축'으로 재정립될 필요가 있다. 부평이서 구간에서는 GTX 환승 수요를 어떻게 효율적으로 실어 나를지, 동인천-용산 축에서는 속도가 아니라 서비스 품질(착석, 쾌적성, 정시성)을 어떻게 차별화할지가 핵심 과제가 될 것이다. 이런 관점에서 보면, 앞으로 경인선의 미래는 단순한 선로용량 증대나 급행 증편이 아니라, 'GTX라는 절대자가 등장한 시대에 무엇을 포기하고 무엇을 새로 제공할 것인가'라는 서비스 전략의 재구성에 달려있다고 할 수 있다.

2.6. 소결: 경인선과 인천, 함께 호흡해 온 130년의 기록

경인선의 역사는 철도가 인천과 어떻게 밀착하며 함께 호흡해 왔는지를 보여 주는 궤적이라고 볼 수 있다. 개항기 인천이 '수도의 외항'으로 떠오르던 시기, 경인선은 외세의 군사·식민지적 필요에 의해 도입된 인프라였다.

그러나 한 번 부설된 선로 위를 오간 것은, 비단 군대와 물자뿐만이 아니었다. 매일같이 오르내리던 통근·통학객과 화물, 시장과 병원과 학교를 향해 이동하는 생활자들의 몸이 철도와 연선을 채우면서, 경인선은 단순한 식민지의 잔재가 아니라 인천시민이 일상 루틴으로 스며들었다. 해방 이후 동차화, 전철화, 복복선화, 특급 도입 등 굵직한 이벤트를 거치면서 경인선 연선의 풍경 역시 크게 달라졌다. 논밭과 염전 사이를 지나던 열차는 주택지, 공장, 상업지역 사이를 관통하게 되었다. 주안염전이 공장지대가 되고, 교외 연선지역에는 대규모 토지구획정리사업을 통한 주택지 조성이 발생했기 때문이다. 그러면서 역도 1~2km 간격으로 촘촘히 수놓아졌고, 그 역 주변에 다시 자연스럽게 상업과 버스교통이 중첩되었다.

따라서, 경인선은 인천 시내를 통과하는 단순한 선에 그치지 않고, 사람·자본·정보의 집결지가 되면서 연선의 도시 구조를 재편해 온 것이다. 물론, 소음과 진동, 단절과 위험의 근원으로 인식되기도 하였다. 그러나 한편으로는 그 불편을 감수하고서라도 '없어서는 안 되는' 모빌리티 인프라로 받아들여졌다. 철도와 인천은 어쩌면 서로의 형성 과정에 깊이 침투하면서 지금의 모습까지 왔을는지도 모르겠다.

그렇기에 오늘날 '철도 지하화'가 마치 전가의 보도처럼 소비되는 풍경은, 이 밀착과 호흡의 역사를 지워 버리려는 움직임으로 보이기도 한다. 일부 원도심 지역을 제외하고는, '태초에' 철도가 있고, 도시가 그 위에 얹혀졌다. 정치적 슬로건에 매몰되어 철도를 땅속에 묻어버리고, 대규모 토건사업을 일으키는 것이 경인선과 인천의 마찰을 줄이는 유일한 해결책은 아니리라.

지금에 와서 오히려 필요한 것은, 경인선이 인천과 함께 살아온 시간의 층위와 관계성을 인정하고, 앞으로 어떤 방식으로 다시 호흡을 맞출 것인가를 묻는 일이라 하겠다. 하드웨어 측면에서는 백운역 인근과 같은 부분 복개·지하화가, 소프트웨어 측면에서는 서비스 개선과 운행계통 재설계 등이 그 방법이 될 수 있을 것이다.

본 장의 의의는 결국 경인선이 지역과 함께 변화해 온 존재라는 사실을 재확인하는 데에 있다. 처음에는 식민 권력이 일방적으로 그은

선이었지만, 시간이 흐르며 그 선 위에서 지역 주민의 일상, 도시의 성장, 정치적 갈등과 타협이 자라나서 이제는 그것 자체로 인천이라는 도시를 구성하는 요소가 되었다. 지난 130여 년간 인천과 함께 호흡해 온 경인선이라는 인프라와 앞으로 어떻게 지속 가능한 방향으로 공생할 것인지를 생각할 때이다.

3장

원도심권: 인천의 어제와 오늘

3.1. 산업화의 오래된 심장 인천역

인천역은 경인선의 기점이라는 상징적인 의미가 있지만 여객의 측면에서 이용객이 많은 역은 아니다. 체감상으로도 그렇다. 그러나 인천역을 다른 관점 즉, 산업적인 측면에서 바라보면 중요한 그동안 중요한 역할을 수행해 왔음을 알 수 있다. 인천사연구소 소장이신 김상태 선생님이 인천의 지역언론에 기고한 기사에 실린 인천역 구내 배선도를 보면 인천역은 단순한 경인선의 기점 혹은 종점의 역할을 넘어

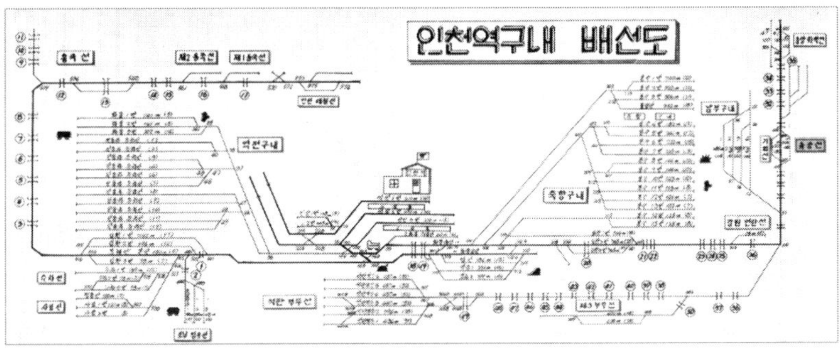

[그림 3-1] 인천역 구내 배선도

김상태 선생님 제공

[그림 3-2] 인천역에서 인천항으로 분기하는 철로
필자 촬영(2017. 6. 18.)

경인선 철도와 인천항 그리고 인천 해안가에 존재하는 상당수의 대형 공장과 연결해 주는 역할을 수행해 왔음을 알 수 있다(그림 3-1). 어쩌면 인천역은 과거 인천 산업화의 심장이 아니었을까.

그도 그럴 것이 일제강점기 때 부설된 축항선이나 남항부두의 석탄선 등이 인천 외부로 나가기 위해서는 모두 인천역을 지나야 하기 때문이다. 구내배선도를 보면 알겠지만 유공선, 동양화학선, 인천제철선 등의 이름들을 확인할 수 있다. 2019년 인천남항부두에서부터 출발하는 석탄선이 영업을 중단한 이후로 화물처리 측면에서의 인천항의 기능은 거의 사라졌다. 다만 구내 배선도를 보면서 과거의 기능을 미루어 짐작할 뿐이다. 인천역 주변과 만석동을 중심으로한 동구의 산업지대는 대부분 제철과 중화학공업이 주를 이룬다는 점에서 경인고속도로가 건설되기 이전에는 짧은 거리라도 철도 연결이 갖는 중요성은 어렵지 않게 예상할 수 있다.

〈표 3-1〉 경인선 각 역별 화물처리량

단위: 톤(t)

구분	1969	1989	1999	2009	2016
인천	2,518,730	2,441,685	1,189,483	928,519	−
동인천	157,040	−	−	−	−
도원	−	−	−	−	−
제물포	837	−	−	−	−
도화	−	−	−	−	−
주안	77,838	685,076	10,290	−	−
간석	−	−	−	−	−
동암	−	−	−	−	−
백운	−	−	−	−	−
부평	590,411	518,068	131,002	72,712	250
부개	−	−	−	−	−

자료: 인천통계연보 각 연도
주: 1979년은 화물단위를 건수로 집계하여 제외하였음.

산업화시대에 인천역의 중요성은 화물처리량을 통해서도 확인할 수 있다. 통계연보에 따르면 인천역은 화물을 처리하던 역중에 가장 많은 화물량을 보였다. 참고로 통계연보상에서 경인선의 역들은 2016년 이후로는 화물량이 집계되지 않고 있어 화물의 기능은 사라졌다.

[그림 3-3]의 모습은 인천역에서 만석동으로 연결되는 경인선의 모습을 보여준다. 지금은 과거 만석고가 자리에 아주 일부의 철로만 남아 있지만 과거 북부해안선, 만석지선이라 불리던 상당수의 철로는 만석동의 공업지역과 연결되는 모습을 확인할 수 있다. [그림 3-4]는 인천역에서 뻗어나온 지선이 만석동을 지나는 모습인데 대우자동차와 대우중공업을 지나서 동국제철을 지나 인천제철에서 끝나는 철로의 모습을 지도상에서 확인할 수 있다.

[그림 3-3]
만석동 일대의 지선들

[그림 3-4] 인천제철까지 이어지는 지선

과거 만석동 일대에 철길이 지났을 당시는 매우 오래되었는데 이때를 기억할 수 있는 경관은 전혀 없는 것일까? 인천시민이 아니어도 2000년대 초반 많은 이들에게 널리 읽혔던 '괭이부리말 아이들'이란 소설을 기억할 것이다(그림 3-5). 이 책의 작가 김중미 씨는 소설로 유명해진 이후에도 만석동을 떠나지 않고 이 지역에서 아이들과 함께 지역과 아이들을 위한 시설

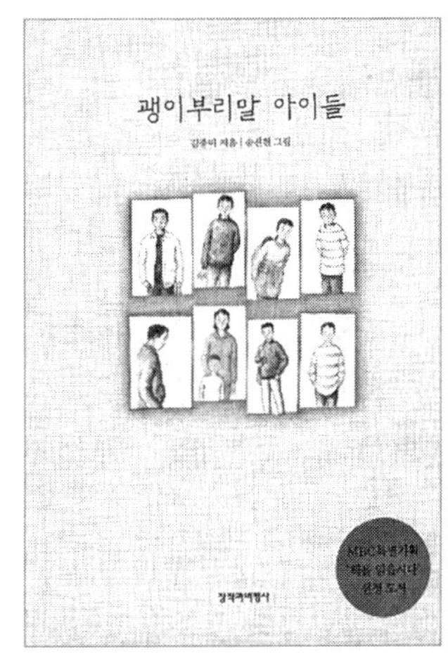

[그림 3-5] 괭이부리말 아이들

을 운영했는데 이 학교의 이름이 '기차길 옆 작은 학교'이다. 처음 시작한 1987년에는 기차길 옆 아가방이었고 1988년에 기차길 옆 공부방이었다 현재에 이르고 있다.

[그림 3-6]의 철도는 석탄이라고 불리는 노선이다. 인천내항의 남단에 인천남항이라는 별도의 항구시설이 있는데 이 항구는 크게 컨테이너 전용부두와 석탄을 처리하는 전용부두가 있다. 인천역에서부터 석탄부두까지는 철도로 연결되어 있다. 석탄부두는 1988년도에 완공되었는데 당시 정부에서는 인천, 목포, 포항에 각기 선탄부두를 건설하여 석탄공급의 원활하게 하고자 했다. 당시 신문기사들을 살펴보면 시멘트공장에서 사용하는 연료는 벙커시유였는데 유연탄을 사용할 경우 그 비용이 절반으로 줄어들어 국가차원에서 석탄전용항구를 신속하게 건설해야 한다는 주장이 국무회의 차원에서 등장하곤 했다.

인전으로 수입된 석탄은 단양과 영월에 있는 우리나라의 대표석인

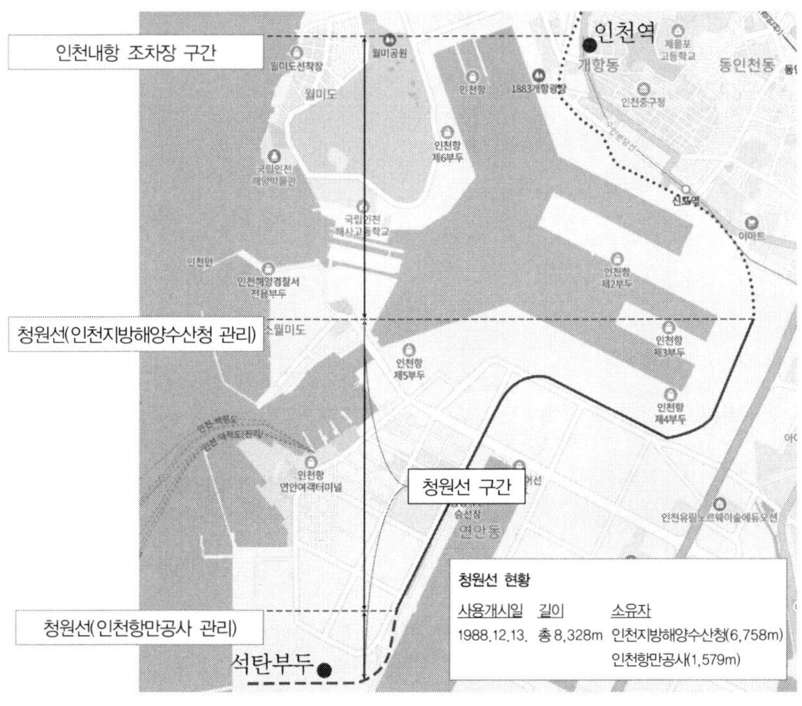

[그림 3-6] 인천 석탄선 구간

석종수(2023, p.13)

시멘트공장으로 운송되었으며 일부는 서천화력발전소, 일부는 의정부에 있는 민간이 운영하는 화력발전소로 운송되었다. 앞서 그림에 제시된 석탄선은 2012년에 노선이 개량된 것으로 그 전에는 마치 스위치백과 같이 남부역까지 이동한 다음에 다시 인천역으로 이동하는 다소 번거로운 과정을 거쳤다. 이 때문에 숭의동 일대에 석탄을 실은 기차가 이동할 때에는 도로교통에 많은 방해를 줬으며 주변지역에 날리는 석탄가루로 인해서 오랜 기간 동안 환경단체는 물론 주민들의 민원을 발생시켜 왔다. 2019년 이후부터는 석탄을 더 이상 철도나

[그림 3-7] 석탄부두 주변 석탄선의 모습

필자 촬영(2024. 12. 3.)

[그림 3-8] 신흥동 일대 폐선된 석탄선

필자 촬영(2024. 9. 30.)

나르지 않아 현재는 사용되지 않는 철로가 방치되어 있어 또 다른 문제를 발생시키고 있다.

[그림 3-7]은 석탄부두 입구에서 분기되는 석탄선 철로의 모습이나 석탄수송이 중단되면서 폐선된 모습을 어렵지 않게 볼 수 있다. 다만 석탄부두 주변은 시가화구역이 아니기 때문에 폐선에 따른 문제는 크게 드러나지 않는 반면에 수인사거리에서 제2여객국제터미널 사이의 신흥동 일대는 개발이 진행되는 지역이라는 점에서 석탄선은 과거 단순히 석탄을 운송하던 인천역의 청원선이라고 하기에는 다소 무리가 있는데 이는 인천내항 부근의 석탄선은 축항선의 일부로 그 역사가 짧지 않고 인천의 도시 구조가 형성되는 데 있어 일종의 틀의 역할을 해왔다는 점에서 이 구간의 이해당사자인 인천-코레일-국가철도공단은 어떤 방식으로 철거비용을 분담할 것인가를 넘어 어떤 방식으로 축항선을 기록하고 일정 부분 보전할 것인가에 대해서도 고민이 필요하다.

3.2. 전통시장의 성장과 쇠퇴

경인선 철교와 시장들

철도가 지나가는 지역은 이 때문에 단절을 경험하게 마련이다. 이는 인천뿐만 아니라 연선지역을 보유한 도시와 지역은 모두 그러하다. 이 단절을 극복하기 위해 철로보다 지대가 낮은 지역은 지역의 주요한

[그림 3-9] 원도심의 철교와 시장들

교통로가 되기도 한다. 인천의 원도심은 이러한 현상을 극명하게 보여준다. 인천을 동서로 지나는 경인선으로 인해서 남북으로 지날 수 있는 길목은 중요한 지금도 인천에서 중요한 도로로 그 역할을 수행하고 있다.

더군다나 원도심을 통과하는 세 개의 철교인 화평철교, 배다리철교, 숭의철교에는 모두 시장이 형성되어 있다. 서울의 동대문과 남대문에 조선시대부터 시장이 형성되어 오늘에 이르고 있는 이치도 이와 같다. 1969년에 발간된 인천도시종합계획을 보면 지금과 달리 인천의 인구는 중구와 동구에 밀집되어 있었다. 인천의 외곽이 본격적으로 개발되지 이전까지 경인선의 철교 아래의 도로들이 갖는 중요성을 미루어 심작할 수 있는 상면이다. 아는 시상의 분포에서노 확인할 수

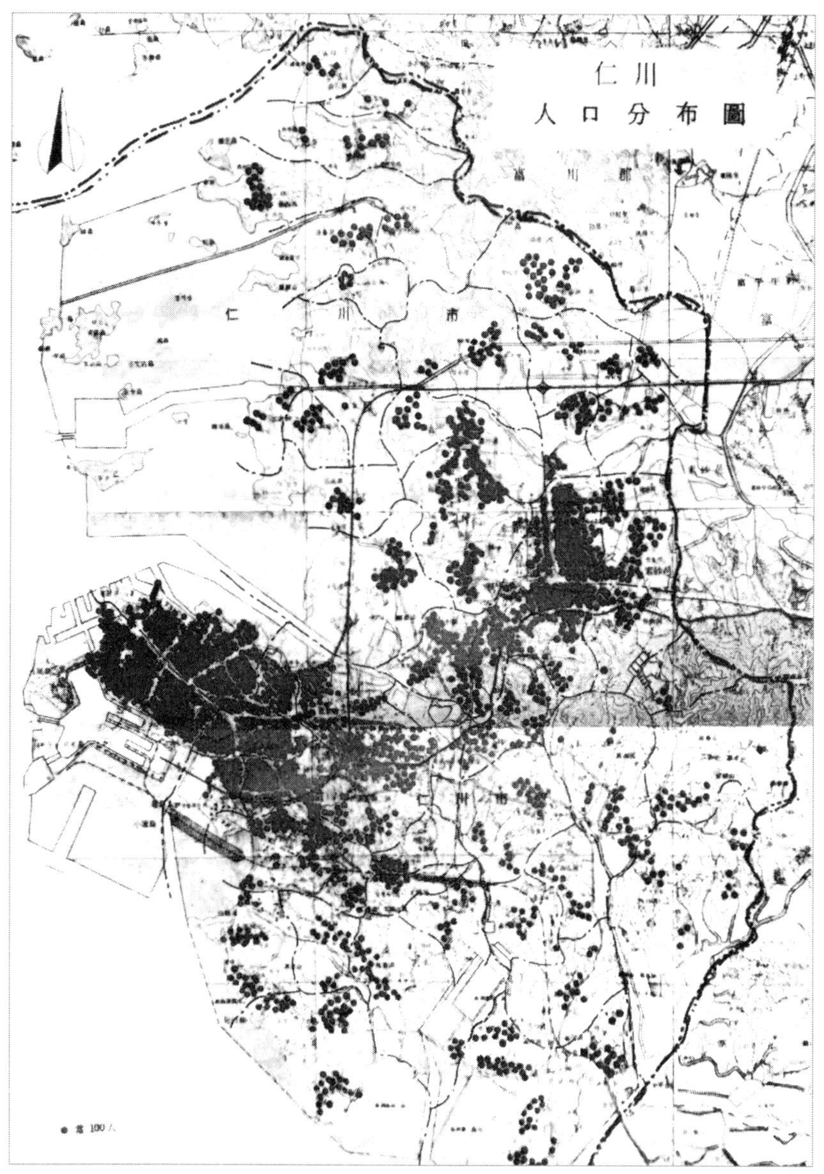

[그림 3-10] 1960년대 인천 인구분포
인천도시재정비계획(1969, p.108)

있다. 화평철교과 배다리철교 사이에는 송현자유시장과 중앙시장이 회랑을 이루고 있으며 숭의철도 동편에는 숭의청과물시장이 있다. 숭의청과물시장은 인천농산물도매시장이 2001년 구월동으로 이전하기 이전까지 농산물도매시장의 역할을 수행하였고 현재 참외전거리로 불리는 지역 일대도 청과물 도매시장이었다는 점에서 원도심의 철교들은 경인선에서 중요한 경관이라고 할 수 있다.

송현자유시장은 시장의 정식명칭보다는 양키시장으로 더 유명하다. 양키시장이란 이름으로 불리게 된 건 한국전쟁 이후 인천에 주둔했던 미군부대에서 흘러나온 물건들이 거래되면서 형성된 시장이기 때문이다. [그림 3-11]에 제시된 1950년대 제작된 지도의 하단을 보면

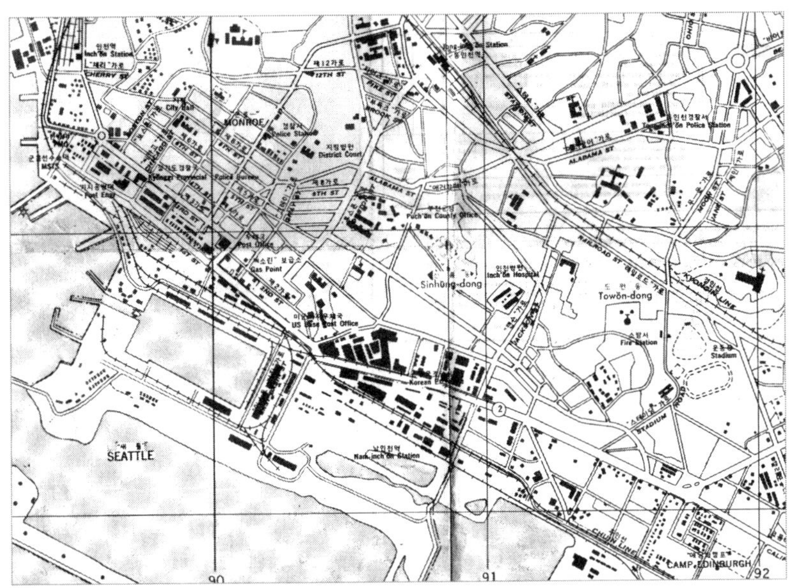

[그림 3-11] 1950년대 인천의 미군부대
부평역사박물관

인천 해안가에도 미군의 흔적들을 어렵지 않게 찾을 수 있으며 현재의 숭의로터리 남단에는 캠프 에딘버러(Camp Edinburgh)라는 표시를 확인할 수 있다. 부평의 캠프마켓과 같이 미군부대를 의미한다.

그렇다면 철교 주변에 있던 시장들은 어떤 변화를 경험했을까? 이 책은 경인선의 주변지역을 다루고 있기 때문에 세세한 내용을 모두 담기 어렵다. 다만 경인선을 포함해 중요한 내용이기 때문에 간략하게만 언급하고자 한다. 인천시민들은 알겠지만 배다리철교 남단에 대형 청과물가게를 볼 수 있는데 오늘날 참외전거리를 참외전거리라고 부를 수 있게 만들어 주는 장본인들이다. 인천을 대표하는 청과물 시장은 이전했지만 몇몇 가게들이 명맥을 잇고 있다.

숭의철교 북측에 있던 청과물시장은 1997년에 구월동농수산물시장으로 이전한 후에 동구에서 영업하던 ㈜문화청과가 이전하여 현재에도 계속 영업하고 있어 과거처럼 종합도매시장은 아니지만 청과물을 전문적으로 다루는 기능은 계속 유지하고 있다. [그림 3-13]의 모습을 보면 마치 쇠퇴한 시장의 전경처럼 보이지만 이 시장은 도매시장이기 때문에 새벽에는 매우 많은 차들과 상인들로 북적이는 모습을 볼 수 있다.

앞서 언급한 양키시장과 중앙시장은 큰 변화를 기다리고 있는 중이다. 안전문제 일환으로 계속 철거와 재개발에 관한 논의가 진행되었던 양키시장은 최근 제물포르네상스의 일환으로 철거가 결정되어 재개발 진행을 위한 수순을 밟고 있다. 인천시립박물관에서는 양키시장의 흔적들을 일부 남기기 위해서 현장 조사를 실시하기도 했다. 실제로 양키시장에서는 2000년 초반까지 영업을 했었던 오성극장이 있었고

[그림 3-12]
참외전거리
필자 촬영(2026.2.21.)

[그림 3-13]
숭의청과물 시장 전경
필자 촬영(2015. 7. 20.)

극장의 영사기 등 관련 시설들이 상당수 방치되어 있었는데 잊혀졌던 오성극장의 존재와 시설들이 오랜만에 시민들에게 다시 알려지기도 하였다.

다만 이와 인접해 있는 중앙시장은 다른 특별한 논의가 아직 없다. 중앙시장에서 오랜 기간 동안 포목점을 운영해 온 사장님에 따르면 다음과 같다.

양키시장이랑 중앙시장을 따로 생각하는 건 현실적으로 어렵지 않겠어요? 그런데 궁잉시장은 건물을 지을 때 칠근을 사용했는데 양키시장은 그렇지 않았거든요. 그래서 노후가 더 빨리 되어서 안전문제 이야기가 더 먼저 나온 거에요. 문제는 위치 문제도 그렇게 재개발을 해도 같이 해야 하는데 우리는 감정평가나 보상과 같은 문제가 아예 시작도 되지 않았다는 거에요. 그게 큰 문제인거죠.

현재 양키시장은 철거를 앞두고 있으며 출입이 봉쇄된 상태이다. 정확한 조감도가 나오지 않았지만 상업지역임을 고려해 인천인 송현동 100 일대를 오래전부터 재개발하기 위해서 노력해 왔다. 만약 중앙시장의 상인의 말처럼 이 두 시장의 블록이 재개발된다면 대규모의 주상복합주거단지가 들어올 것이다. 동인천역 북부는 남부와 달리 주

[그림 3-14] 중앙시장 입구
필자 촬영(2026. 1. 3.)

[그림 3-15] 양키시장 입구
필자 촬영(2026. 1. 3.)

거단지가 상당수 개발되어 있어 현재에도 재개발이 예정되어 있는 지구가 다수 존재한다는 점에서 개발이 유리해 보일 수 있지만 인천백화점이 방치되어 있는 상황과 기존의 상권이 어려움을 겪는 상황을 고려한다면 원활한 개발을 기대하기는 다소 어려울 수도 있겠다.

3.3. 동인천역 지하상가와 인천백화점

동인천역의 지하상가

지하상가는 전철 혹은 지하철과 관련이 밀접한 시설이다. 지하상가는 그 역이 상업적으로 중요한 역할을 하는 역의 여부를 살펴볼 수 있는 지표가 되기도 한다. 그런 점에서 동인천역의 지하상가는 규모와 역사가 전국 수준에서 비교해도 뒤지지 않는다. 동인천역에는 모두 5개의 지하상가가 있다. 지금은 동인천역에서 이 지역의 최대상권인 신포시장과 연결되지만 〈표 3-2〉에서와 같이 새동인천지하상가를 시작으로 1970년에서 1980년에 걸쳐 완성되었다. 원래 지하상가는 냉전 시대의 산물로 출발했는데 원래 주된 목적은 상업이 아니라 반공호의 용도로 건설되었다.

이후 반공호보다는 상업적인 용도로 지하상가가 활용되면서 활성화되기 시작되었는데 지하상가가 있는 지역은 단순히 지하통로가 아니라 입체화를 통한 상업지역의 확대로 이해하는 편이 정확하다. 동인천역 지하상가의 완공은 중앙시상(동인천역)과 신포시상 혹은 사이의

〈표 3-2〉 동인천역 지하상가 개설 현황

No	지하상가명	건립연도	점포수
1	새동인천지하상가	1972	105
2	동인천지하도상가	1974	89
3	중앙로지하도상가	1977	192
4	인현지하도상가	1980	161
5	신포지하도상가	1983	188

출처: 인천시설관리공단 홈페이지

상업회랑의 완성을 의미한다. 동인천과 신포동이 인천의 중심지였던 시절이었다.

동인천역 일대의 지하상가를 보여주는 지도에서 표에서는 언급되지 않는 지하상가가 있다. 바로 동인천역 1번 출구에 인접한 동인천 구 지하상가이다. 다른 지하상가는 인천시 시설관리공단 홈페이지에 점수의 수와 설계도까지 나오지면 구 지하상가는 나오지 않는다. 이는 시설 자체가 인천에서 관할하지 않기 때문이다. 이 지하상가는 1975년에 개인들에게 분양되어 현재에 이른다. 이 상가에서 오랜 기간 영업을 해온 상인에 따르면 이 지하상가는 원래 처음에는 철도청 부지였고 행정적인 관리는 인천시 중구청에서 해왔다고 한다. 이 지하상가가 만들어진 시기가 1968년인데 민간에게 불하된 시기를 상인은 1973년으로 기억했다.

동인천 구 지하상가가 흥미로운 것은 이 시설은 사실 지하시설물이 아니라는 점이다. 철로가 위로 지나가고 지표에 사이의 공간에 조성한 것이다. 그런데 인근의 지하상가 때문에 지하에 있는 시설물로 인식된다. 필자는 개인적으로 1991~1993년까지 등교를 위해 매일 이용했는

[그림 3-16] 동인천 구 지하상가(북측)

필자 촬영(2025. 4. 30.)

[그림 3-17] 동인천 구 지하상가(남측)

필자 촬영(2025. 12. 15.)

[그림 3-18] 동인천 지하상가 위치

데 당시만 해도 지상에 있는 시설물이라는 사실을 인식하지 못했다.

동인천역과 신포시장을 연결하는 지하상가는 사람들이 그 정확한 이름은 알지 못할지라도 언제나 문전성시를 이루곤 했다. 많은 학생들과 시민들이 주중·주말을 가리지 않고 찾았기 때문이다. 1990년대 후반에 들어서자 동인천역 일대와 신포동이 본격적으로 쇠퇴하면서 지하상가를 찾는 사람들 역시 줄어들기 시작했다. 그 사이 인천여고, 대건고등학교 등의 학교가 송도로 이전하기로 했다. 2023년에는 동인

[그림 3-19]
동인천역의 횡단보도
필자 촬영(2026. 1. 3.)

[그림 3-20]
지하상가와 연결된 답동성당
필자 촬영(2025. 5. 24.)

천역 앞에 횡단보도가 설치되면서 지하로의 유동인구가 더욱더 줄어
들기도 했는데 한편으로는 답동성당이 성역화되는 과정에서 지하상
가에서 답동성당으로 바로 연결되는 통로와 엘리베이터가 설치되기
도 했다.

민자역사와 인천백화점

동인천역에 있는 민자역사건물은 동인천의 아픈 손가락과도 같다. 동인천역 옆에 무표정한 모습의 건물은 1989년에 인천백화점으로 출발하였다. 1980년대만 하더라도 철도와 역사와 같은 SOC는 모두 국가에 의해서 건설되던 시기였는데 1984년 민자역사 건립법안이 공포되면서 역사와 같은 공시설물에 대한 민간투자가 부분적으로 허용되기 시작했다. 이때 등장한 개념이 민자역사이다. 1984년을 기점으로 민간자본이 역사를 지어주는 대신 상업시설을 운영할 수 있게 되었는데 동인천쇼핑센터(주)에서 자본을 출자하여 설립한 인천백화점은 당시 서울역에 이은 우리나라 두 번째 민자역사였다.

당시 동인천의 위상을 알 수 있는 대목이기도 하다. 지하 3층 지상 6층으로 구성된 인천백화점의 영광은 그리 오래가지 못했다. 당시만 해도 동인천역 일대와 신포동으로 이어지는 지역은 부평과 더불어 명실상부한 인천의 중심지였다. 그러나 1984년에 인천시청이 지금의 구월동으로 이전한 이후였고 동인천역 주변의 중심성은 조금씩 줄어들기 시작했다고 보는 게 정확하다. 이후 1997년에 신세계가 인천터미널 건물로 새롭게 진출했고 1년 후에는 IMF 사태가 터졌고 더군다나 1999년에는 인현동 호프집 화재 사건과 함께 인천지하철 1호선이 개통되면서 부평의 중심성이 상대적으로 더 커져갔다.

특히 90년대 중반 이후부터 연수구와 남동구 그리고 계양구 등 외곽이 본격적으로 개발되기 시작했다는 점에서 중구와 동인천역 일대는 지속적으로 쇠퇴하기 시작하였다. 상업시설의 위계 중에서 가장 상위

[그림 3-21] 동인천역과 구 인천백화점
필자 촬영(2025. 5. 24.)

에 있는 백화점이 영향을 받는 건 지극히 당연한 현상이었다. 인천백화점은 2001년에 폐업하였고 이후 2002년에 중저자 의류 쇼핑몰인 엔조이몰(NJOY mall)과 4층과 5층에는 국민체육진흥공단에서 운영하는 경륜장이 들어왔다. 엔조이몰은 2009년에 폐업하였고 그 이후 계속 비어있는 상태이며 화상경륜장은 2023년 영업이 종료되었다.

BTO 계약 당시 인천백화점 건물의 민간 점용허가 기간은 공식적으로 30년이었 ㈜동인천역사의 설립시기가 1987년이기 때문에 공식적인 계약종료는 2017년이었으나 민간업자의 유치권행사와 파산절차가 해결되지 않으면서 장기간 갈등과 소송이 이어지고 있다. 동인천역사는 점용허가 기간을 연정하기 위해서 리모델링을 통한 증축을 시도하였으나 이 과정에서 부도를 냈고 건설사의 유치권행사가 이어지고 있는 상황이다. 2024년 국가철도공단은 채권단과의 소송에서 1심을 승소한 상태이다. 많은 지역언론에서는 2025년 중에 국가철도공단에서 새로운 사업자를 선정한 후에 민자역사 철거 후 새로운 개발사업을 진행할 것으로 전망했으나 실제로 그동안의 문제가 해결되거나 새로운 사업이 진행되지 않은 상태로 남아있다.

3.4. 인현동과 대한서림

남겨진 축현과 이전한 학교들

인현동은 동인천역 역세권의 성장과 쇠퇴를 보여주는 다양한 흔적들을 간직하고 있다. 인현동은 동인천동의 법정동 가운데 하나이다. 널리 알려진 바와 같이 동인천역의 과거 이름은 축현역이었는데 이때

[그림 3-22]
인현동 화재 희생자 추모비
필자 촬영(2025. 4. 30.)

[그림 3-23]
동인천동 행정복지센터
필자 촬영(2017. 1. 1.)

의 흔적이 지명으로 남아 있다. 축현은 싸리재의 한자 표현이기도 하여 이와 관련된 지명들이 지역에 다수 남아 있다. 동인천역 왼편의 지구대는 원래 축현파출소였는데 2014년에 동인천파출소로 명칭이 변경되었다. 인천학생교육문화회관은 원래 축현초등학교로 1919년에 개교한 오래된 학교인데 2001년에 연수구 옥련동으로 이전하였다.

축현초등학교의 이전은 동인천역 일대의 쇠퇴를 상징적으로 보여주는 사건이라고 할 수 있다. 당시 1990년대 중반부터 본격적으로 진행된 연수구와 남동구의 개발과 동시에 동인천역 일대가 쇠퇴하면서 원도심에 위치하던 학교와 기관 중 상당수가 새롭게 개발된 택지로 이전하였고 축현초등학교의 이전은 그 과정에 있다. 참고로 축현초등학교에서 신포동으로 넘어가는 언덕 부근에 있었던 박문초등학교도 함께 송도로 이전하였다.

인천학생교육문화회관 뒤에는 동인천동 행정복시센터가 있는데 이 건물은 원래 1908년에 개교한 인천여고 자리이다. 1999년에는 쇠퇴하고 있던 동인천역 일대에 안타까운 사건이 발생하였는데 이른바 인현동 호프집 화재사건으로 불리는, 다수의 청소년들이 사망했던 사건이 있었다. 1999년 10월 30일 인현동의 상가건물에서 화재로 인해서 수십 명의 청소년들이 사망한 사건이 발생하였던 것인데 이 사건의 여파로 동인천역 일대 특히 인현동의 상권이 더욱더 쇠락하는 결과를 초래하였으며, 인천학생교육문화회관 뒤편에는 이때의 희생자들을 추모하는 공간이 마련되어 있다.

아! 대한서림이여

대한서림이란 서점이 인천에만 있는 건 아니다. 익산에도 있고, 남해군에도 있는 걸로 안다. 그래도 1953년에 설립된 인현동의 대한서림은 동인천을 대표하는 랜드마크였다. 핸드폰의 사용이 일반적이지 않던 1990년대 후반까지 사람들은 동인천에서 만날 때 대한서림을 만남의 장소로 사용했다. 주말이면 대한서림의 안과 밖은 늘 많은 사람으로 붐볐으며 대한서림 앞에 있던 공중전화박스에는 언제나 긴 줄이 서 있곤 했다.

2000년대 초반까지 대학입학을 위해서 종이로 된 입학원서를 사용했는데 당시 대학원서는 각 지역의 큰 서점에서 판매했다. 입시철이면 전국 각지의 대학원서를 판매했던 대한서림 앞에 수많은 수험생들이 모이서 장사진을 이루기도 했다.

[그림 3-24]와 같이 1층 건물에서 출발한 대한서림은 1989년에 현재의 6층 건물을 신축하여 이전하였고 이는 당시에서 흔하지 않은 층수의 건물이었으며 1993년에는 신흥동 1가에 창고형 점포를 추가로

[그림 3-24] 1960년대 대한서림의 모습

인천광역시 화도진 도서관

[그림 3-25] 대한서림 전경

필자 촬영(2022. 6. 4.)

운영하기도 하였다. 당시 대한서림의 위세를 짐작할 수 있는 부분이다. 그러나 동인천역의 일대의 쇠퇴는 대한서림의 운영에서도 드러남, 2012년부터 6층 전체로 운영되던 대한서림에 제과점을 비롯한 다른 업종들이 들어오기 시작하였다.

현재는 인현동의 대한서림은 2층과 3층만이 서점으로 운영하고 있으며 대한서림 관계자와 인터한 내용에 따르면 신흥동1가에 있던 지점은 LG전자에 임대를 주었다가 2023년에는 매각한 상태이다. 대한서림의 쇠퇴는 인터넷 도입 이후 증가한 전자상거래 증가로 인한 출판시장의 변화와 생활패턴의 변화도 영향이 있다. 그러나 근본적으로는 동인천역 일대를 중심으로한 원도심의 쇠퇴와도 큰 연관이 있어 보인다.

대한서림에서 2015년경에 아르바이트를 했던 청년의 경험담을 한 청년의 이야기를 통해서 전성기 대한서림의 위상을 새삼스럽게 느낄 수 있었다.

제가 군대를 제대하고 복학하기 전에 대한서림에서 아르바이트를 몇 달 한 적이 있거든요. 아마 2015년쯤일 거에요. 일하고 몇 주 지나니까 사장님이 어느 대학에 다니냐고 물으시더라구요. 그래서 00대학에 다닌다고 말씀드리자. 아 예전에 그 대학에 책 납품 많이 했어. 수준 높은 책은 아니어도 물량이 꽤 많이 들어가던 대학이었는데 말이지. 사실 수도권에 있는 대학들은 거의 다 납품에 관여했다고 봐야지……

지금의 대한서림에서 자유공원으로 올라가다 보면 동인서점&스터디 카페라는 점포를 확인할 수 있다. 원래 동인서점은 대한서점 건너편에 있던 서점이었다. 대한서림처럼 큰 규모는 아니었지만 당시에는 규모로 봤을 때는 상당히 큰 서점이었다. 지금은 대한서림처럼 규모를 줄이고 다른 영업을 겸하고 있는 모습을 보인다. 동인천역에서 자유공원 입구에 대형서점 두 개가 있던 시설에서 지금의 모습을 보면 동인천역 일대의 쇠락을 쉽게 짐작할 수 있다.

4장

점이지대의 연선지역

4.1. 도원역과 주변지역의 변화

공설운동장과 전도관

[그림 4-1]의 지도는 미군정시기에 발간된 지도이다. 지도에는 일본어 발음을 영어로 적어놓은 형식으로 되어 있어 미국이 일본의 지형도를 받아서 지도를 제작했음을 미루어 짐작할 수 있다. [그림 4-1] 지도의 제작 시기는 1946년으로 알려져 있다. 따라서 도원역의 모습을 찾을 수 있다. 남단에 운동장을 보면 공설운동장이라고 쓰여 있다. 하나는 스타디움의 형태를 하고 있고 옆에는 야구장의 모습을 하고 있다. 실제 두 시설은 1935년 일본이 공설운동장이란 이름으로 지었고 2008년까지 사용했었다. 원래 설계상으로는 정구장도 있었으나 실제로 건설되지는 않았다.

공설운동장은 일제강점기 규모가 있는 도시들에 건립된 공공체육시설이었다. 부산과 대구와 같은 대도시는 물론 규모가 다소 작더라도 항구도시나 공업도시에도 공설운동장이 만들어졌으며 그 용어는 아

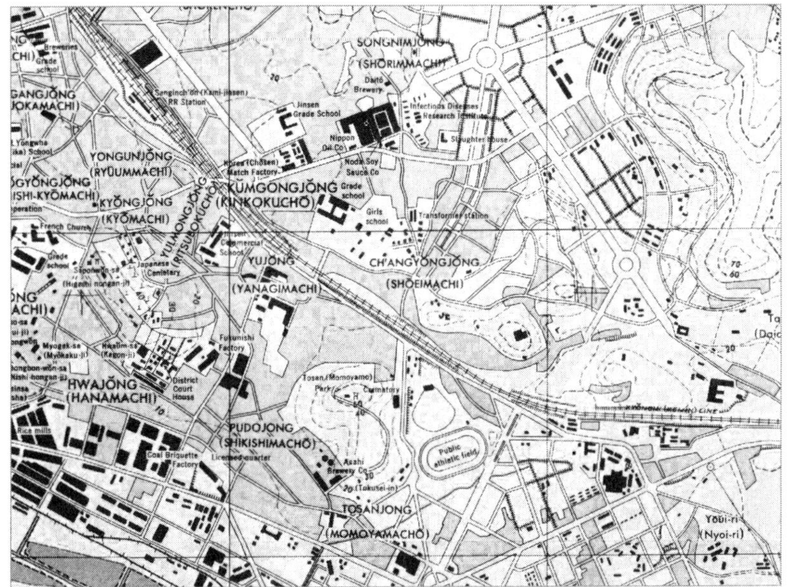

[그림 4-1] 1946년도 지도상의 인천공설운동장
Korean War Project

주 최근까지 사용되었다. 인천의 공설운동장은 원래 지금의 제물포고
등학교 자리에 위치한 웃터골이었으나 기차통학에 불편을 느낀 개항
장의 재조일본인들의 요구로 웃터골에 일본인들을 위한 학교를 짓게
된다. 이 학교는 인천중학교이며 훗날 제물포고등학교가 된다.

　인천공설운동장은 일제강점기에는 체육시설, 군사시설 등으로 사
용되었고 1960년대 초반 6.25 시기에 파손된 부분을 대대적으로 수리
하여 전국체전의 주경기장으로 사용하다가 2000년대 초반까지 인천
체육에서 중요한 역할을 수행해 왔다. 이후 2002년 월드컵을 위한
문학경기장이 들어서고 야구장까지 함께 이전하면서 이 지역의 중요
성은 크게 줄어들었다. 문학경기장은 처음부터 지하철과의 연결이 수

[그림 4-2] 인천축구전용경기장 전경

필자 촬영(2021. 6. 15.)

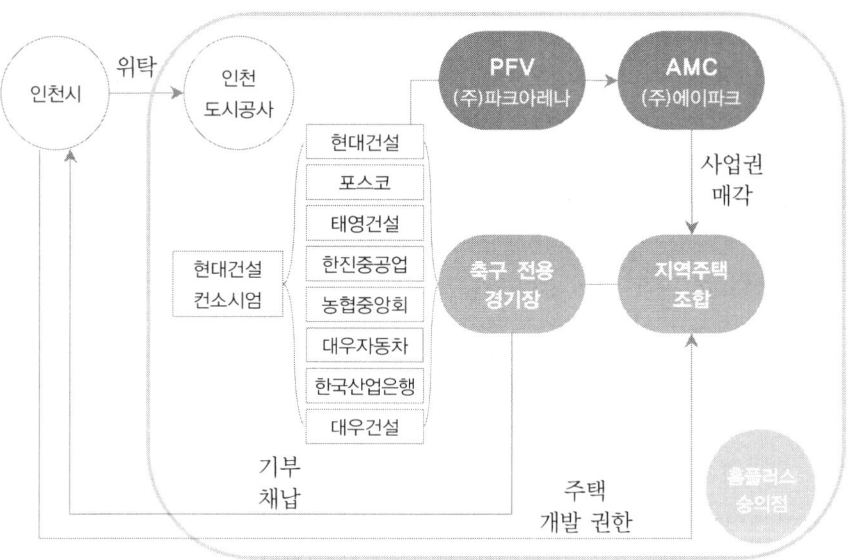

[그림 4-3] 인천축구전용경기장 PF구조

윤현위(2021, p.59)를 재구성

상에 있었으나 인천공설운동장이 만들어진 시기에 비해 경인선이 연결된 시기는 다소 후반부에 해당된다.

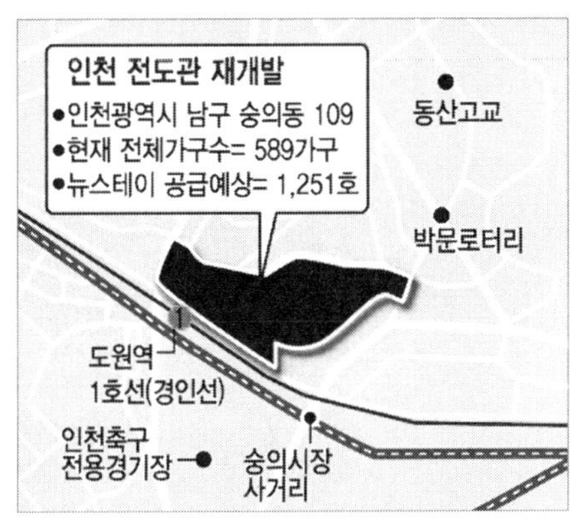

[그림 4-4] 전도관 재개발구역
중부일보(2016. 8. 29.)

2008년에 공설운동장이 해체된 이후에 도원역 건너편 혹은 지하통로로 연결되어 있는 인천축구전용경기장은 2012년 완공되었다. 인천시는 새로운 축구경기장을 건설하는 비용을 민간으로부터 보전받기 위해서 민간기업의 컨소시엄에 운동장의 토지 일부에 개발할 권한을 일부 부여해 주었다. 이 때문에 경기장 주변에 대규모의 아파트 단지가 들어선 것이다. 아파트의 단지명은 스타디움 센트럴시티로 아파트는 2018년에 와서야 착공해 최근에 완공되었다.

숭의운동장을 재개발하는 구상은 2000년대 초반 내항주변을 재개발하는 계획부터 포함되어 있었고 2003년에는 야구장을 보전하는 방식의 개발이 예정되어 있었으나 이후 철거 이후 축구전용경기장을 개발하는 방식으로 전환되었다. 이 과정에서 사업비를 충당하기 위해서 현대건설을 중심으로한 컨소시엄이 구성되었으나 사업이 지연되고 이후에 지역주택조합사업으로 전환되면서 사업이 지연되었다.

과거 공설운동장 이후에도 도원역 일대가 사람들에게 알려지게 된 계기는 천부교라는 종교를 창시한 박태선 목사가 세운 전도관이라는

[그림 4-5] 도원역 뒤 전도관 구역 전경
필자 촬영(2021. 6. 15.)

교회가 도원역 북측 구릉지에 들어서면서부터이다. [그림 4-5]의 오
른쪽 상단 언덕에 위치한, 흰색 동그라미로 표시된 건물(실제로는 주황
색 지붕의 건물)이 전도관교회 건물이다. 천부교가 이전한 이후에도
오랜 기간 동안 이 지역은 인천시민들에게 전고관으로 불리게 되었고
재개발지구 이름 역시 전도관지구이다. 도원역 북측 구릉지는 다소의
경사 때문에 일반적인 주거지역으로 개발하기 다소 어려웠는데 원래
는 2003년 수도국산일대가 재개발될 당시 함께 개발될 예정이었으나
규모 때문에 잠시 연기되었다. 그러다 2008년 서브프라임 모기지론
사태가 터지면서 오랜 기간 동안 재개발구역으로 지정만 된 채 실제
개발은 진행되지 않았다. 전도관구역은 오랜 기간 동안 재개발사업이

[그림 4-6] 전도관 구역과 도원역과의 경계

필자 촬영(2025. 3. 30.)

[그림 4-7] 전도관 구역 공사장 입구

필자 촬영(2025. 3. 30.)

진행되기를 기다리다가 2023년부터 공사가 진행되기 시작하였다. 이 지역은 1960년대 이후 주거환경 개선을 위한 추가적인 사업이 이루어지지 않았던 지역이며 이 개발지구의 조합승인이 2009년이라는 점을 감안할 때 주거환경 혹은 쇠퇴 정도와 사업이 진행은 다소 무관하다는 점을 대표적으로 보여주는 사례라고 할 수 있겠다. 추후 개발이 완료되면 도원역을 이용하는 승객수와 역의 위상이 지금보다 더 높아질 것으로 보인다.

4.2. 제물포역(과 주인선의 흔적)

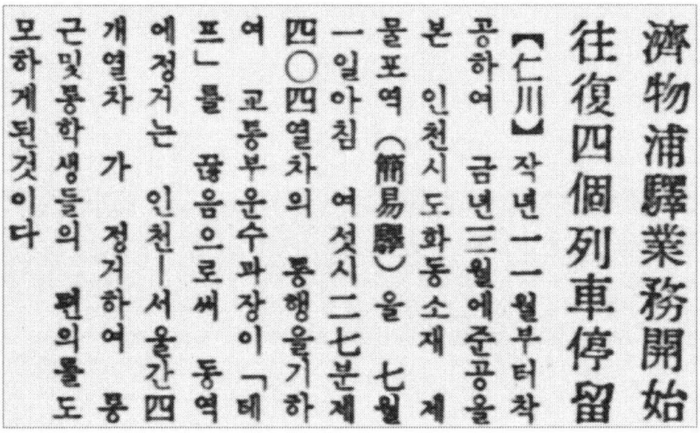

濟物浦驛業務開始
往復四個列車停留
【仁川】작년一一월부터착공하여 금년三월에준공을 본 인천시도화동소재 제물포역(簡易驛)을 七월一일아침 여섯시二七분제四○四열차의 통행을기하여 교통부운수과장이「데프」를 끊음으로써 동역여정거는 인천—서울간四개열차가 정거하여 뭉근밋통학생들의 편의를도모하게된것이다

[그림 4-8] 1959년 7월 3일 동아일보 기사

제물포역의 영업을 알리는 1959년 동아일보의 기사에서 볼 수 있듯이 제물포역은 처음부터 영업을 시작할 때부터 제물포였다. 그러나 제물포라는 지명이 인천에서 갖는 중요성으로 인해 다소의 오해의 소지도 있었던 것도 사실이다. 초기 경인선에서 사용되었던 승차권을

[그림 4-9]
인천대 제물포캠퍼스
필자 촬영(2025. 6. 26.)

[그림 4-10]
제물포역 지하상가
필자 촬영(2025. 6. 26.)

보면 인천역은 한자로 표시되고 영어로 제물포로 사용되었던 상황을 엿볼 수 있다. 그러니까 제물포가 조약의 이름이나 역사서에서 인천이란 의미로 사용되었던 것처럼 제물포역은 원래 인천역의 의미로 사용되었다.

그러나 실제로 제물포역이 생기면서 50년 이상 영업을 지속하면서 좁은 의미에서 개항장의 이름이기도 했던 제물포는 제물포역 주변을 뜻하게 되었다. 지금 인천시민 중에서 개항장 일대를 가면서 제물포에 가자고 하는 사람은 없을 것이다. 아마도 그런 사람이 있다면 인천의 역사는 알지만 외지인이라고 스스로 말하는 셈이다. 제물포역의 주인공은 단연 학생들이었다. 시립대 이후 지금의 국립대로 선환되기 이선의 인천대학교는 사실 일제강점기와 6.25전쟁 시기에 걸쳐 널리 알려진 군인형제였던 백선엽·백인엽 일가의 소유였던 선인재단이었다. 선인재단은 인천대 이외에도 인천전문대를 비롯하여 각종 인문계 실업계(현재의 특성화고)와 남자중학교와 여자중학교 초등학교까지 모두 보유하고 있었다.

따라서 제물포 앞역과 뒷역은 인천대학교 재학생을 포함해 교복을 입은 학생들로 늘 붐비곤 했다. 1990년대 토요일이면 버스를 타기 위해 기다리는 중고등학교 학생들이 제물포역 앞뒤를 꽉 채우는 장면이 늘 연출되었다. 제물포역 일대의 쇠퇴의 조짐이 보이기 시작한 것은 2009년도에 인천대학교의 본캠퍼스가 송도로 이전과 학령인구의 감소가 본격적으로 맞물린 시기이다. 동인천 일대의 지하상가만큼 붐비고 많은 유동인구를 보였던 제물포역 지하상가는 오랜 기간 동안 상업활동이 저조한 상태로 남아 있었다. 현재는 산업공간보다는 공용공간으로 더 많이 사용되고 있는 실정이다. 인천대의 송도 이전은 제물포역의 부기역명 변화에도 드러나 있는데 '인천대'는 1988년부터 제물포역의 부기역명이었는데 2019년부터 인천대학교 제물포캠퍼스로 변경되었다.

4.3. 도화역과 행정타운

인천대학교의 송도 이전은 제물포역과 도화역의 연선지역에도 많은 영향을 주었다. 맘모스체육관이라 불리던 선인체육관과 선화여상

[그림 4-11] 제물포 행정타운 일대
필자 촬영(2025. 6. 26.)

등이 철거되면서 제물포역에서 도화역 방면의 인천대 시설 일부가
철거되었다. 도화역은 1994년에 신설되었는데 이해는 경인선이 직통
열차가 신설되면서 복선에서 복복선화가 완료된 시점이었다. 수송능
력이 늘어난 당시 경인선은 정차역을 추가할 수 있었다. 이때 도원역,
도화역이 신설되었다. 원래 부개역도 같이 신설될 예정이었으나 보상
문제가 늦어져서 다른 역들이 비해서 늦어진 것이다.

　도화역 주변의 본격적인 변화는 인천대의 이전과 맞물려 있는데
인천대 송도 이전이 결정된 시기는 2003년이었고 인천대가 이전하고
남은 부지 즉 이전적지의 개발의 사업시행자는 인천도시공사였다. 인
천도시공사는 이전적지 개발을 통해서 인천대 이전의 비용을 마련하
고자 하였다. 그러나 2023년에 발간된 '인천 도시계획이야기 60년'에
따르면 인전대 송도캠퍼스의 규모가 승가했을 뿐만 아니라 설계 변경

[그림 4-12] 제물포 행정타운 주변 상가
필자 촬영(2025. 6. 26.)

에 따른 비용 증가로 인해서 도시공사 측은 2009년 PF사업자와 계약을 하였다.

이에 따른 손실비용은 약 1,500억 원이었는데 인천시는 이 손실을 보존하기 위하여 이전적지에 행정타운 및 제물포 스마트타운, 10년 임대주택 조성 그리고 홍성에 있었던 청운대학교의 일부 학과를 2012년에 유치하였다. 현재 운영하고 있는 상수도사업본부, 수도시설관리소, 중부수도사업소, 인천창조경제혁신센터 등은 모두 이 사업의 결과물들이다.

5장

주안역과 배후지역

5.1. 주안역과 주안염전

주안이라는 지명이 지금의 위치로 이전한 이유는 주안역 때문일까 주안염전 때문일까. 주안염전이 시험염전이라는 이름으로 들어선 시기가 1907년이고 주안역이 영업을 개시한 시기는 1910년이라고 전해진다. 주안염전은 우리나라 최초의 천일제염으로 널리 알려져 있지만 당시 조선을 식민지로 만들기 위한 일본의 입장에서 시험염전의 성공은 간절했고 훗날 식민지 조선을 통치하기 위해서도 중요한 사업이었을 것이다. 관영염전으로 출발한 주안염전은 담배, 인삼과 더불어 대표적인 전매의 대상이었다. 1912년 일본이 발간한 '조선철도연선시장 일반(朝鮮鉄道沿線市場一斑)'이라는 책에 따르면 1911년 주안역에서 철도로 이송된 소금의 양이 320t으로 나온다. 주안시험염전의 성공은 이후 인천의 남동염전, 소래염전 그리고 군자염전 등 인천 남부 해안가에 대규모의 염전을 조성하게 했다.

훗날 주안염전은 매립되어 주안공단이 되는데 이게 지금의 수출산업단지 5·6단지가 된다. 인천에서 서주한 기간이 오래된 60내 후반의

朱 安 驛

停車場所在地	位置及地勢	停車場附近ニ於ケル交通運輸ノ状態	停車場所在地ニ於ケル官公衙 / 停車場所在地ニ於ケル戸口	營業成績(四十三年度)	重ナル發著貨物ノ數量(四十三年度) 發送	到著
京畿道仁川府多所面忠勳洞	停車場ハ仁川港ヲ距ル東北一里京仁街道ニ面スル寒村ニ在リ附近丘陵起伏シ農產物多カラサルモ停車場前面ニ於ケル官營天日製鹽ヲ以テ名アリ產額逐年增加盛況ニ向フ	京仁街道ニ依リテ仁川其他ニ通シ交通便ナリ 朱安製鹽ハ鐵道便ニ依リテ各地ニ移出ス	朝鮮總督府專賣局出張所	乘車人員 3,497 降車人員 3,369 客車收入 659圓 發送貨物數量 348噸 到著貨物數量 53噸 貨車收入 1,155圓 收入合計 1,814圓	鹽 320噸	雜穀 10噸 金屬器 15噸
			停車場所在地ニ於ケル戸口 戸數 339 人口 1,355 內譯 日本人 戸數 36 人口 102 朝鮮人 戸數 300 人口 1,246 外國人 戸數 3 人口 7			

停車場附近ニ市場ナシ

[그림 5-1] 1912년 주안역의 여객과 화물운송

朝鮮鉄道沿線市場一斑

시민들은 지금도 주안역 뒤가 염전이었다는 사실을 기억하시는 분들이 대부분이다. 그러나 급격한 산업화를 거치면서 우리나라 최초의 천일제염이었던 주안염전은 특별한 흔적을 남기지 못하고 사라졌다. 주안역 북부가 염전이었다는 사실은 도로명 주소표지판이나 일부 공원 이름들에 남겨져 있을 뿐이다.

1980년에 제작된 1:5,000 지도를 보면 이미 염전이 사라진 이후인데도 주안역 북측 광장에 소금창고로 사용되던 건물을 확인할 수 있고 지도 오른쪽에는 대한업염사무소가 보인다. 주안염전의 설계도와 이 당시 지도를 중첩해 보면 이 자리는 과거 일제강점기 때 전매국의 사무실로 사용되던 위치와 거의 일치한다. 지도 상단에 보면 용화사가 보이는데 이는 지금도 같은 자리에 위치한 사찰이다. 현재는 용화선원으로 명칭이 변경되었다. 이 사찰은 일제강점기 주안염전에서 일하던 염부들을 위한 행사와 체육대회가 진행된 자리이다. 1920년에 만들어진 것으로 전해진다(인천광역시 남구, 2017). 소금 이외에도 이 지도에는 주안역 양쪽에 대동연탄공장과 제일연탄공장이 보인다. 지금은 상

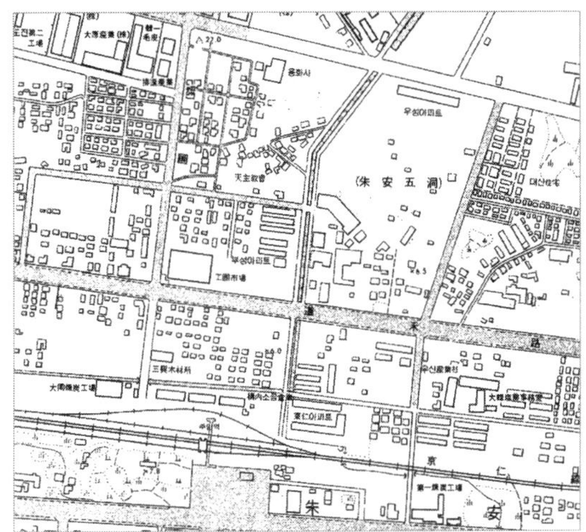

[그림 5-2]
1980년 주안역 일대

상이 잘 안되지만 양쪽으로 주안역 주변에 석탄이 높이 쌓여있는 산업적 용도로 사용되던 시기가 있었다.

십정동 일대에 여기가 주안염전이었다는 사실을 알려주는 표석이 있다. 이 표석의 뒷면을 보면 1989년에 만들어졌다는 사실을 알 수 있다. 그러나 이 염전의 위치는 미추홀구가 아닌 부평구에 있어, 방치되고 있다는 느낌을 지울 수 없다. 주안염전의 상당수는 현재의 미추홀구나 남동구보다 부평구 영역이 더 크지만 주안이라는 지명을 떠올리면 대부분의 인천시민들은 미추홀구를 생각할 것이기 때문이다.

주안역은 일제강점기 경인선이 부설되고 추가된 유일한 역이다. 주안염전의 중요성은 그만큼 크다고 할 수 있는데 주안염전 표석은 실제로 8구로 이루어진 주안염전 중에 제2구 염전에 위치하고 있다. 이 염전 표석이 오랜 기간 동안 이 자리에 있을 수 있던 이유는 표석이 위치한 토지가 국유지였기 때문이다. 현재는 한국자산관리공사에서

[그림 5-3]
주안염전 표석
필자 촬영(2025. 7. 15.)

[그림 5-4]
주안염전 표석 주변
필자 촬영(2025. 7. 15.)

이 토지를 민간에게 매각하려는 작업 진행 중에 있다. 염전 표석은 일제강점기에 만들어지진 않았지만 염전의 유일한 흔적이라는 점에서 토지가 매각된 이후에도 더 이상 방치가 아닌 활용하기 위한 적극적인 움직임이 필요한 시점이다.

5.2. 주안역 남측의 변화들

한샘학원에서 정문학원까지

인천에서 1990년대와 2000년대 초반 입시를 경험한 이들의 상당수는 한샘학원을 기억한다. 지금도 정문학원이라는 상호를 사용하지만 원래 이 학원은 한샘학원이었다. 한샘학원은 주안역 바로 앞에 있던 대규모 입시학원이었다. 1985년에 개원한 이 학원은 중학생과 고등학생을 위한 개별 과목을 강의하던 단과반과 재수생들을 위한 종합반을 모두 운영했다. 단과반과 종합반은 독립적인 별도의 건물이었지만 거리가 매우 가까웠고 덕분에 주안역 남측에는 늘 교복을 입은 고등학생과 재수생들로 붐비던 기억이 있다. 단과학원은 5층짜리 건물이었고 종합반 건물은 6층이었지만 5층까지만 이용되었고 6층은 하늘정원과 식당이었다.

덕분에 학원 근처에는 10대 후반부터 20대 초반의 학생들이 주로

[그림 5-5]
한샘학원 단과학원 전경
필자 촬영(2023. 6. 30.)

[그림 5-6]
과거 한샘학원 단과학원 정문
필자 촬영(2023. 6. 30.)

이용할 만한 식당, 당구장, 만화방, 오락실, 비디오방 그리고 1990년대 후반부터는 PC방이 영업했다. 학생들이 한참 많았던 1990년대 중반에는, 영어와 수학은 새벽 6시부터 강의가 시작되었고 마지막 강의

[그림 5-7] 과거 한샘학원 종합반
필자 촬영(2025. 7. 13.)

는 10시에 끝났었다. 유명강사들은 새벽반에도 많은 학생들이 몰렸으며 계속 학생들이 몰려들자 주말반과 사회탐구반과 과학탐구반까지 만들어져 성황을 이루었던 기억이 있다.

한샘학원이라고 유명 국어강사였던 작고한 서한샘 선생이 설립한 노량진의 한샘학원을 떠올리는 경우가 더 많을 거라고 생각한다. 인천한샘학원은 서한샘과는 동업자로 알려져 있다. 2002년 한샘학원은 정문학원으로 상호를 변경한다. 오랜 기간 동안 지적받아 온 한샘학원과의 차별화를 위해서이다. 인천의 거의 유일했던 입시학원이었던 한샘학원 주변은 을씨년스럽다. 단과학원은 건물 전체가 비어 있고 종합반 건물의 일부에서만 정문학원의 명맥이 이어지고 있다.

과거 활기차던 주안역 일대 역시 사교육 시장에 부는 변화의 바람을 피해가지 못했다. 학령인구는 꾸준히 감소했고 메가스터디와 이투스로 대표되는 온라인 사교육시장으로 인해서 서울에서도 대형 오프라인학원은 감소하고 있는 추세이다. 과거 인천에서만 11개의 계열학원

을 거느렸던 한샘학원은 이런 시장의 변화에 적응하지 못한 모습으로 이제는 주안역의 추억 한켠에 머물고 있다. 현재는 과거의 학원가가 아닌 역세권에 충실한 모습이다. 한샘학원 주변에는 다세대주택과 최근에 조성이 증가하고 있는 주거용 오피스텔 혹은 다세대주택과 오피스텔이 혼용된 형태의 주거형태가 증가하고 있는 추세이다.

역세권의 전환과 변화

주안역 남광장에서 남쪽으로 내려오면 구 시민회관 사거리를 만난다. 주안역과 다소 떨어져 있지만 도보로 통행이 가능하고 사람들의 통행이 많은 지역인데 이곳을 가려면 주안역을 이용해야 했으니 주안역의 영향권에 있는 지역으로 봐도 무방하겠다.

[그림 5-8] 구 시민회관 사거리

필자 촬영(2026. 1. 3.)

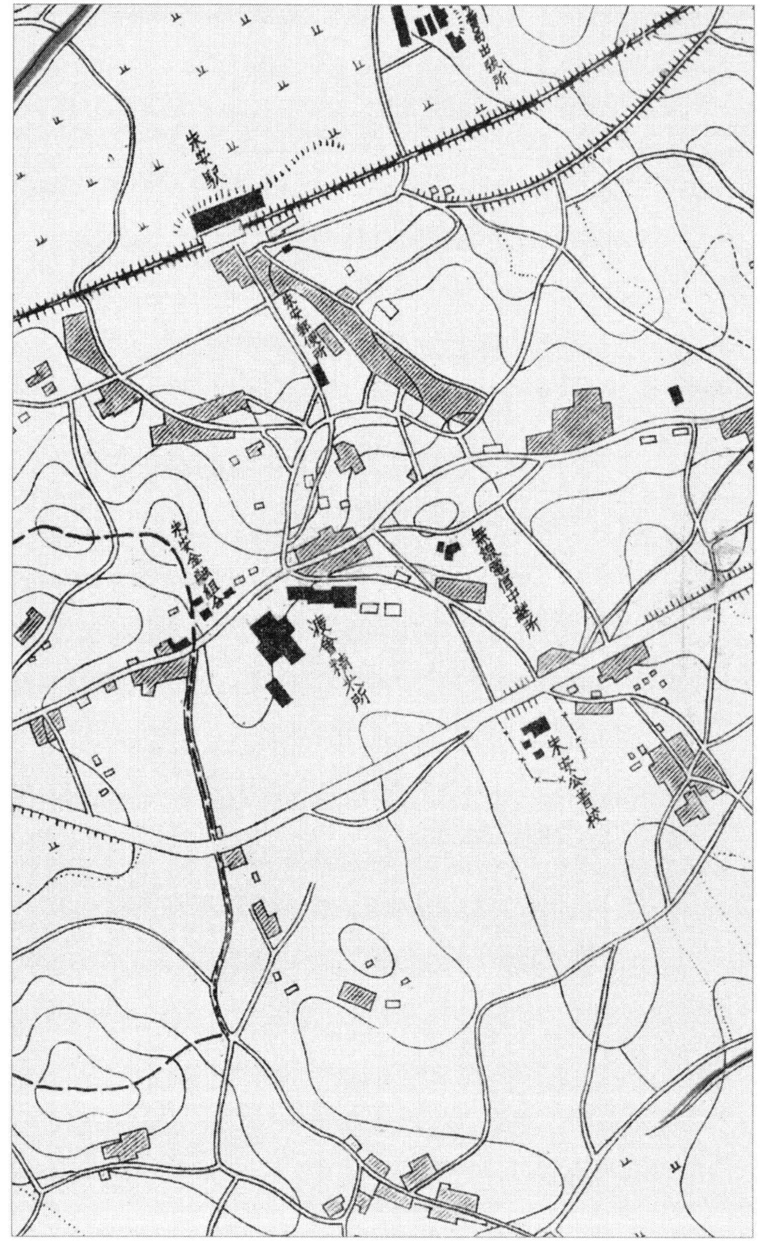

[그림 5-9] 1930년대 후반 주안역 일대

서울역사박물관

시민회관 사거리가 갖는 중심성은 현재의 교보빌딩과 대한생명 빌딩이 모두 모여 있는 지점이라는 데서 확인할 수 있다. 또한 인천의 감리교·장로교에서 큰 규모를 자랑하는 주안장로교회와 주안감리교회도 모두 이 지역에 있다. 여기에 2001년에 철거된 시민회관까지 감안하면 이 지역은 다양한 기능을 보유한 지역이었다. 또한 2003년까지 인천 남구청(현 미추홀구) 역시 이 사거리에 있었다. 1994년에 새롭게 주안시민지하상가가 조성되기도 했는데 이는 인천에서 마지막으로 조성된 지하상가이기도 하다.

이 지역의 과거를 잠시 살펴보도록 하겠다. [그림 5-9]의 지도는 2006년 원로 역사지리학자인 이찬 선생이 엮은 '우리 옛지도'에 포함된 인천지도이다. 인천의 지도는 1910년대부터 1930년대 초반지도는 자료가 상당히 풍부한 데 비해서 1930년대 후반의 상황을 볼 수 있는 지도는 상대적으로 많지 않다. 이 지도의 원본은 서울역사박물관 수장고에 보관에 되어 있다.

지도를 보면 주안역의 남측이 상세하게 나와 있다. 지도의 중앙을 가로지르다가 북서쪽으로 휘어지는 도로가 경인로이다. 지금의 모습과 크게 바뀌지 않은 모습이다. 지도에 나와 있는 시설물들을 살펴보면 주안 남측으로 주안우편소, 주안금용조합, 주안무선통신중계소, 주안공보교 등이 보인다. 주안금용조합은 1921년에 설립된 금융기관이며 주안공보교(공립보통학교)는 현재는 1934년에 개교한 인천의 오래된 초등학교 중에 하나인 주안초등학교의 전신이다. 지도를 보면 주안역 앞 삼거리에서 구 시민회관 사거리까지의 도로가 아직은 형성되지 않은 모습이다. 수안역 남측의 시설불늘이 모누 수안이라는 지명

[그림 5-10] 구 시민회관 공원에서
바라본 아인병원

필자 촬영(2025. 7. 13.)

[그림 5-11] 이전한 주안초등학교의 위치

을 사용하고 있어 과거 만월산 주변을 뜻하던 주안이 주안역 일대로 이전되는 모습을 확인할 수 있다.

주안역의 역세권이었던 구 시민회관 사거리 일대는 이제 인천지하철 2호선이 지나가면서 그 자체가 역세권이 되었다. 지하철의 개통으로 다른 지하상가와 다르게 지하철과 연결되지 않아 그동안 어려움을 겪었던 주안시민지하상가는 새로운 전기를 마련하는 등 계속적인 변화가 예상된다.

5.3. 이주민들의 공간 형성

주안역 일대, 특히 주안역 북부(주안5동)를 중심으로 한 조선족 밀집 지역의 형성 과정은 인천의 근대 산업 발전사와 같은 흐름을 보인다. 부평이 미얀마 출신 이주자들의 중심지라면, 주안역 인근은 인천 내 조선족 커뮤니티의 중심부라고 할 수 있다. 역의 북부를 중심으로 형성된 조선족 밀집지역은 서울의 대림동 못지않게 큰 민족 엔클레이브 (ethnic enclave)를 형성하고 있다.

주안역 조선족 엔클레이브의 형성

주안역 북부 지역이 조선족의 거점이 된 근본적인 원인은 주안국가 산업단지와 근접하고 있다는 점에 있다. 1993년 외국인 산업연수생 제도가 도입되자, 한국어 소통이 원활하고 숙련도가 높은 조선족 노동자들은 주안공단의 기계, 금속, 가공 업종의 핵심 인력으로 배치되었다. 이들은 공단에서 걸어서 갈 수 있는 주안역 북부 뒤편인 주안5동의 저렴한 다세대 주택에 정착하며 초기 조선족 커뮤니티를 형성해 나갔다. 이것이 현재 주안역을 중심으로 형성된 조선족 커뮤니티의 시조라고 할 수 있다.

[그림 5-12] 주안역 근처
조선족 대상 마트
필자 촬영(2025. 7. 15.)

[그림 5-13] 주안역 근처 여행사
필자 촬영(2025. 7. 15.)

[그림 5-14] 주안역 근처
조선족 상업시설 위치

2004년 고용허가제 도입과 2007년 방문취업(H-2) 비자 신설은 대규모 조선족 인구 유입을 야기했다. 서울 대림동은 계속해서 유입되는 조선족 이주자로 인해 주택의 수요가 급증하면서 집값과 임대료가 급등하였다. 이러한 상황에서 서울의 높은 생활비를 감당하기 어려운 조선족들이 1호선 전철을 타고 인천으로 이동하기 시작했다. 이때, 주안역은 부천(심곡동), 부평과 함께 외국인 이주자들이 많이 거주하고 있는 주요 지역으로 부상하게 되었다.

2010년대부터 조선족 이주자는 혼자 거주하는 것보단 가족 단위로 정착하는 이주 패턴을 보이기 시작했다. 그래서 자본을 축적한 초기 조선족 이주자들이 주안역 북부 상가 건물을 임대하거나 매입해 본격적인 중국음식점 상권을 형성해 나가기 시작했다. 이 시기 주안역 북부는 조선족 이주자의 단순한 거주지를 넘어서, 인천 전역의 조선족들이 주말마다 모이는 경제적, 사회적 중심지로 자리 잡기 시작했다.

주안역 조선족 상권 및 거주지의 특성

주안역의 상권은 역을 기준으로 둘로 나눌 수 있다. 먼저, 주안5동 일대인 주안역의 북부 지역은 조선족의 거주와 상업 공간이 공존하고 있다. 중국 식료품점, 여행사, 환전소, 직업소개소(인력사무소), 중국 연변 지방 음식을 포함한 중국 음식점들이 즐비하다. 이곳의 간판은 한글과 중국어가 같이 병기되어 있기도 하고, 중국어만 적혀 있는 것도 쉽게 찾아볼 수 있다. 또한, 여기서 판매되는 상품들도 중국의 상점에서 쉽게 구할 수 있는 것들이 많다. 이처럼 주안역의 북부는 조선족 이주자들의 트랜스 로컬리티가 발현되는 장소라 할 수 있다.

반면, 주안1동 일대인 주안역 남부지역은 내국인 청년들과 외국인 이주자가 섞여 있는 공간이라 할 수 있다. 초기에는 북부 지역에만 밀집되어 있었던 중국 음식점들이 2010년대 후반부터 남부의 메인 상권으로 진출하기 시작했다. 이는 조선족 자본이 주류 상권으로 편입되고 있음을 보여주는 모습이라 할 수 있다.

주거 형태를 보면, 주안5동과 주안1동에서 일부 노후된 빌라나 단독주택에 조선속

[그림 5-15] 주안역 근처 저렴한 월세

필자 촬영(2025. 7. 15.)

이주자들이 거주하고 있다. 방 2~3개 구조의 빌라에 대가족이 거주하거나, 미혼인 조선족 이주 노동자들이 어러 명 모여 사는 형태가 흔하게 나타난다. 임대료 역시 대림동에 비하면 저렴한 편이다. 2024년 기준으로, 주안역 인근의 노후 빌라의 보증금은 100~500만 원이며, 월세는 20~50만 원 정도로 대림동의 약 60~70% 정도로 저렴한 편이다. 이는 조선족 이주자들이 주안역 인근을 떠나 다른 지역으로 이주하지 못하는 강력한 유인 요인이라 할 수 있다.

재개발이 조선족 이주자들에게 미친 영향

최근 주안역 일대는 미추홀구 재개발의 중심지가 되었다. 이러한 대규모 정비 사업은 조선족 이주자 커뮤니티에 상당한 영향을 미치고 있다. 재개발이 이들에게 미친 가장 큰 영향은 주거지 상실이다. 재개발이 시작되자 저렴했던 노후 빌라들이 철거되기 시작했다. 삶의 터전을 잃은 조선족 이주 노동자들은 더 저렴한 곳을 찾아 인근의 도화동, 간석동 등 교통이 상대적으로 불편한 외곽으로 밀려났다. 즉, 재개발을 기점으로 주안역은 서울의 대안적 주거지로서의 매력을 잃고 있으며, 조선족 이주자들은 이제 인천에서도 더 외곽으로 밀려나는 인천 내의 재이주를 단행하고 있다. 이러한 젠트리피케이션으로 인한 비자발적 이주는 수십 년간 주안역 중심으로 형성된 조선족의 사회적 네트워크를 파편화시키는 결과를 초래했다고 할 수 있다. 이로 인해 조선족 이주자들이 모여 친목을 다지던 공간들 역시 사라지고 있다.

또한, 재개발 구역 내에 있던 소규모 중국 음식점과 식료품점들이

[그림 5-16] 주안역 근처 사라진 조선족 친목회
필자 촬영(2025. 7. 15.)

폐업하거나 이전하게 되었다. 그 자리에 아파트 단지가 들어서면서 과거의 골목 상권은 사라지고, 임대료가 높은 신축 상가가 그 자리를 대신했다. 자본력이 부족한 조선족 영세 상인들은 상권을 떠나야 했고, 대형 자본을 가진 일부 상인들만 주안역 남부 지역으로 넘어가거나 신축 상가로 진입하는 양극화 현상이 나타났다.

이처럼 재개발은 조선족 이주자 커뮤니티의 해체를 유발했다. 조선족 이주자들에게 주안역 골목은 고향 사람들을 만나 정보를 공유하고, 서로를 위로하는 사회적 안전망 역할을 하는 장소이다. 재개발로 인해 이들의 모임 장소가 사라지면서, 1인 거주 이주 노동자들은 사회적 고립 위험에 처하게 되었다. 신축 아파트 입주민(내국인)과 기존 거주민(조선족 이주자) 사이의 보이지 않는 벽이 생기며 사회적 갈등의 소지도 높아지고 있다.

5.4. 간석역과 연선지역의 변화

과거 1990년대 신문기사를 보면 간석역의 역명에 관한 흥미로운 기사 한 건을 접할 수 있다. 1991년 신문기사를 보면 간석역을 유치했을 간석역 주변의 국회의원들이 역 유치가 서로의 공이라고 다툰다는 내용의 기사가 있다.[75] 이 기사를 보면 원래 초기 고려되었던 이름은 간석역이 아니라 염빙역이었던 것으로 전해진다. 과거 주안염전과 간석역이 매우 가까운 거리여서 고려되었던 것으로 짐작할 수 있다. 간석역은 다른 역에 비해서 늦게 영업을 시작하기도 했지만 역이 설치된 이후에도 뚜렷한 배후지를 형성한 역은 아니다.

그럼에도 아주 변화가 없는 건 아니었는데 간석역이 설치되기 이전과 이후를 지도를 통해서 비교해 보면 주변지역의 변화를 확인할 수 있다. 간석역이 들어서기 이전의 모습을 보여주고 있는 1980년 지도는 원래 농경지에 산업단지가 확대되는 과정을 보여준다. 경인선 선로 남부에는 대규모의 주안주공아파트가 있고 북쪽에는 공장과 논이 혼재되는 모습을 보여준다. 간석역이 설치된 이후의 모습은 1996년의 지도를 보면 경인선 북측의 논이 주거단지로 개발된 모습을 보여준다. 현재의 간석우성1차아파트, 간석현대아파트가 이 자리에 들어왔다.

간석역의 영향을 받는 역세권의 가장 큰 변화는 주안주공아파트의 재개발일 것이다. 1976년에 건축된 주안주공아파트는 3개의 단지로

75　한겨레신문, 1991년 2월 23일 자, "전철역 신설되자 두 의원 공로 다툼".

[그림 5-17] 간석역 건설 전후의 상황

구성되었으며 2008년에 재개발되었다. 1·2단지는 the world state 아파트로 3단지는 풍림아이원 아파트로 재개발되었다. 재개발을 통해서 새롭게 들어선 아파트는 3,000세대가 넘는다. 주안주공아파트의 남단에는 석바위시장이 있다. 신기시장과 더불어 미추홀구를 대표하는 전통시장이다.

구 시민회관 사거리와 마찬가지로 석바위시장 사거리는 간석역의 영향권이었으나 인천지하철이 석바위시장역 남단으로 지나가고 인천

[그림 5-18] 간석역 남부 광장

필자 촬영(2025. 7. 15.)

[그림 5-19] 간석역 남측 The world state 전경

필자 촬영(2025. 7. 15.)

[그림 5-20]
석바위시장 입구
필자 촬영(2025. 7. 15.)

2호선 가정중앙시장역과 함께 석바위시장이 역명으로 사용되면서 이제는 스스로 역세권을 형성했다. 주안역과 마찬가지로 간석역의 역세권도 인천지하철 2호선의 개통으로 인해 석바위시장역 역세권으로 분리되는 모습을 보여준다.

6장

동암역: 인천과 부평 사이

6.1. 동암역 역명의 유래

동암역은 부평구 십정동에 위치하며 1974년부터 영업을 시작하였다. 銅岩에서 동은 구리를 의미하기도 하며 붉은 색을 의미하기도 하는데 2002년에 발간된 인천광역시사에 따르면 동암역의 역명은 주안산(만월산) 일대에 동광산이 있어서 유래한다고 전한다. 실제로 만월

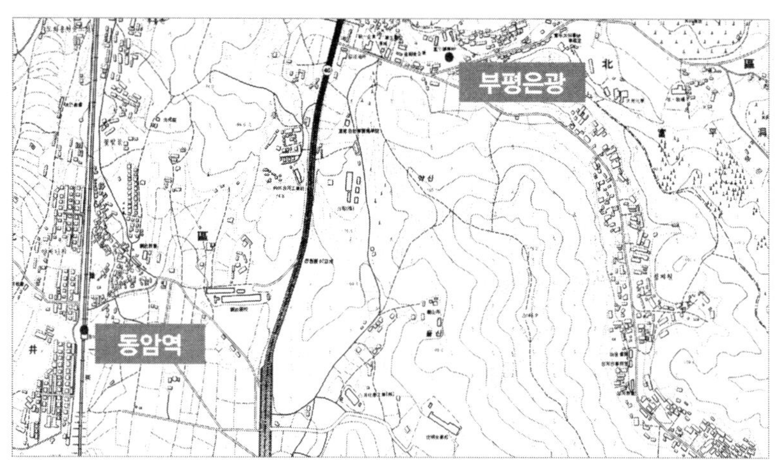

[그림 6-1] 동암역 부근 부평은광의 위치

산에서는 광산기업으로 유명한 영풍상사에서 경인철광회사를 설립하여 광산을 운영하였다. 1970년대에 제작된 1:5,000 지도에서도 현재의 부평삼거리에서 부평화장장 입구에 부평광업소라는 표시가 존재했다.

광산에 대한 기록은 부평광산 혹은 부평은광으로 나오는데 부평광산은 동광보다는 은광으로 더욱더 유명하였다. 당시 부평은광에 관련된 2017년에 발견된 부평문화원의 보고서와 신문기사를 참조해 봤을 때 구리보다는 은의 생산량이 더 많았던 것으로 보인다. 실제로 부평은광은 1987년까지 채굴을 하였는데 1988년과 1993년대 폐광된 이후 주변지역에서 함몰사고가 발생하기도 하였다.

6.2. 동암역의 영향권과 인천지하철의 개통 이후

간석역과 백운역 사이에 있는 동암역은 다른 인천의 역들과 달리 동–서방향이 아닌 남북방향의 철로에 놓여있는 역이다. 동암역이 영업을 시작하기 시작한 1974년부터 인천지하철에 개통되기 이전까지 위치상 동암역은 서구와 남동구의 관문 역할을 했었다. 그전까지는 동암역이 양쪽 지역 모두에서 가장 가까운 역이기 때문이다.

이러한 상황은 당시 신문기사를 통해서도 확인할 수 있는데 1995년 동아일보의 기사를 보면 동암역 남부역에는 남동공단으로 출퇴근하는 사람들로 늘 붐빈다고 표현하고 있다.[76]

동암역을 경유하는 수요 버스늘의 노선늘을 정리해 보면 이 버스늘

[그림 6-2] 동암역을 경유하는 주요 버스들

은 서구와 남동구를 연결하는 역할을 함을 알 수 있다. 경인선만 있던 시기를 가정한다면 경인선과 버스의 노선은 서로 반대방향의 대칭된 모습을 보여주고 있어 동암역의 주요 역할이 무엇인지 확인할 수 있다. 이 역할은 인천에서 결코 작다고 할 수 없는 것이 10년 전 자료이지

---

76   동아일보, 1995년 3월 14일 자, "인천 동암 남부역 택시 합승-골라태우기 횡포".

만 2016년에 인천연구원에서 발간한 전철과 버스의 환승 승객수를 확인할 수 있는 자료가 있다.

〈표 6-1〉 경인선 역별 버스-철도 환승통행량(2016년)

단위: 명

역명(CODE)	월	화	수	목	금	토	일	합계
부평(1806)	18,994	17,953	19,145	19,358	20,365	18,133	13,039	126,987
백운(1807)	7,894	7,855	7,899	7,612	1,601	5,493	4,372	42,726
동암(1808)	22,302	21,510	22,057	22,244	22,656	18,029	13,122	141,920
주안(1809)	25,979	25,202	25,743	25,881	25,794	19,427	13,971	161,997
제물포(1810)	7,879	7,520	7,751	7,560	7,308	5,175	3,528	46,721
동인천(1811)	15,092	14,745	15,264	14,979	15,454	12,108	8,818	96,460
인천(1812)	2,764	2,417	2,623	2,838	3,095	3,879	2,994	20,610
부개(1815)	5,500	5,259	5,450	5,370	5,400	3,828	2,660	33,467
간석(1816)	1,779	1,684	1,745	1,700	1,728	1,267	896	10,799
도원(1817)	1,654	1,651	1,692	1,697	1,866	1,049	438	10,047
도화(1823)	793	730	758	752	810	479	313	4,635
합계	110,630	106,526	110,127	109,991	106,077	88,867	64,151	696,369

출처: 인천발전연구원(2016, p.135), 필자 재정리.

〈표 6-2〉 동암역과 간석오거리역의 승객 변화 추이

단위: 명

구분	2005			2010		
	승차	하차	계	승차	하차	계
동암역	12,211,984	11,749,200	23,961,184	10,265,675	9,839,058	20,104,733
간석오거리	2,934,807	2,608,868	5,543,675	3,233,810	3,166,548	6,400,358

구분	2015			2020		
	승차	하차	계	승차	하차	계
동암역	9,762,409	3,338,127	13,100,536	6,655,375	6,620,625	13,276,000
간석오거리	4,889,324	4,719,153	9,608,477	4,387,643	3,978,695	8,366,338

자료. 인천통계연보 각 연도, 필자 재정리.

인천에서 경인선 역별-버스 환승승객수가 가장 많은 역은 주안역이며 동암역이 그다음으로 많은 환승객수를 보이고 있다. 동암역이 부평역보다 더 많은 버스 환승객수를 보이는 것은 부평역은 1999년 이후에 환승역이 되었기 때문으로 풀이할 수 있다.

앞서 살펴본 바와 같이 서구와 남동구에 연결되었던 동암역의 위치는 인천지하철 1호선 개통 이후에 다소 변화가 양상이 파악된다. 동암역에 가장 인접한 인천지하철 1호선 역인 간석오거리역의 승객수와 동암역의 승객수를 비교해 보면 추이가 반대로 나타난다. 통계연보에 따르면 2005년 동암역의 이용객수는 2,300만 명 정도 보였으나 2020년에는 1,000만 명 정도 감소하였다. 반대로 간석오거리역은 개통 이후의 2005년의 이용객은 500만 명 수준이었으나 계속적으로 증가하여 830만 명 정도까지 성장하였다.

6.3. 다문화 공간의 형성

인천광역시 부평구 십정동에 위치한 동암역 외국인 거리는 후술할 부평역 일대의 외국인 공간과는 또 다른 결을 가진 다문화 공간이다. 동암역은 과거 경인선 연선에서 상당히 번화한 상업지구였다. 그러나 인근 신도시 개발과 상권 이동으로 인해 원도심화가 진행되었고, 이 과정에서 낮아진 지가와 노후화된 주택가는 자연스럽게 새로운 정착지를 찾는 이주 노동자들을 불러모으는 요인이 되었다. 현재 동암역 일대는 베트남, 태국, 중국(조선족, 한족 등) 등의 다양한 국적의 외국인들이 각자의 경제적 기반을 닦으며 공존하는 독특한 다문화 생태계를 구성하고 있다.

베트남 및 태국 이주민의 밀집

부평역이 미얀마인들의 중심지라면, 동암역은 같은 동남아시아 지역인 베트남과 태국 이주자들의 비중이 압도적으로 높다. 이들이 동암역 일대에 모여든 데에는 크게 세 가지 이유가 있다.

먼저, 동암역 북부 광장은 인천의 핵심 제조 기지인 주안국가산업단지 및 가좌동 일대 공장지대와 직선거리로 매우 가깝다. 특히 베

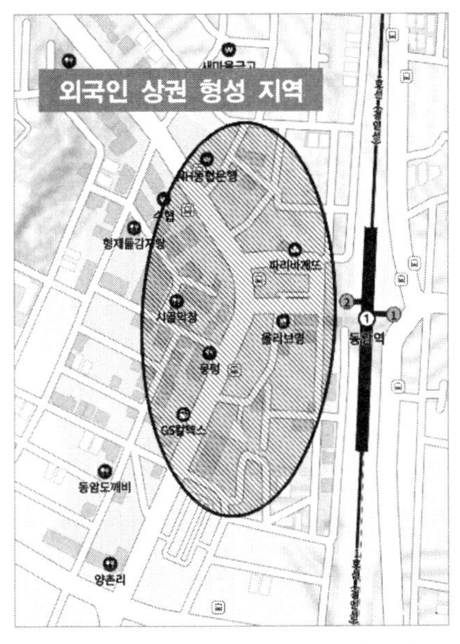

[그림 6-3] 동암역 근처 외국인 상권 지역

트남과 태국 출신 노동자들은 초기 산업연수생 시절부터 이 지역 제조업체에 대거 배치되었다. 직장과 가깝고 주말에도 쉽게 모일 수 있는 동암역은 이들에게 가장 효율적인 생활 밀착형 거점이 되었다.

두 번째로, 동암역 상권은 예전부터 인천의 대표적인 야간 상권이 형성된 곳이다. 밤낮을 가리지 않고 운영되는 식당, 유흥업소 등의 24시간 서비스업이 발달되어 있어 주야간 교대 근무가 일상인 베트

남, 태국 노동자들이 퇴근 후 언제든 고향 음식을 먹으며 쉴 수 있는 환경이 조성되어 있다.

세 번째로, 베트남과 태국 이주자들은 식당뿐만 아니라 마사지 샵, 아시안 마트 등 서비스업 위주의 자영업으로 상권을 확장하는 특성이 있다. 먼저 정착한 이주자들이 식당을 차리면 그곳이 이들 사이의 정보 공유의 장이 되고, 이를 중심으로 같은 국적의 사람들이 모여 사는 군집 현상이 동암역에서 뚜렷하게 나타나고 있다.

중국(조선족 및 한족) 이주자의 유입

동암역 주변에는 양꼬치, 마라탕, 중국 현지 요리 등 중국어로 쓰여진 간판을 단 음식점들을 쉽게 발견할 수 있다. 특히, 조선족 이주자들은 다른 외국인 이주자들에 비해 한국어 장벽이 낮기 때문에 제조업뿐만 아니라 건설 현장, 식당 서비스업 등 다양한 직군에 종사한다. 부평역의 높은 임대료를 피해 조금 더 저렴하면서도 교통이 좋은 동암역 주변의 원룸촌과 다세대 주택가로 중국계 이주자들이 대거 유입되었다. 또한, 조선족 이주자들은 다른 외국인 이주자들에 비해 한국 사회 정착 기간이 길고 자본 축적도가 높은 경우가 많다. 이들은 동암역의 기존 노후 상권 건물들을 인수하거나 임대하여 대규모 중국 음식점을 운영하며 상권의 한 축을 담당하고 있다. 이는 단순한 노동자 집단을 넘어 지역 경제의 주요 운영자로 자리 잡았음을 보여준다.

그렇다면, 동암역 일대에 거주하는 조선족들은 서울 대림동에 형성된 조선족 밀집지역에서 이주한 것일까? 모두가 그렇지는 않다. 서울 대림

[그림 6-4] 동암역 근처 중국 이주자 상권 지역
필자 촬영(2025. 9. 12.)

동과 가리봉동은 여전히 많은 조선족 이주자들이 한국으로 이주한 후 가장 먼저 정착하는 지역이자 네트워크 중심지이다. 하지만 이곳의 지가와 임대료가 급상승하면서, 경제적 여유가 없거나 더 넓은 주거 공간을 원하는 이들이 경인선을 따라 이동했다. 즉, 이들은 "대림-가산디지털단지-부천-부평-동암"으로 이어지는 경인축을 따라 이동한다. 대림동이 포화상태가 되면서 상대적으로 집값이 저렴하고 다양한 일자리가 많은 인천으로 밀려오거나 자발적으로 이동하는 모습이 나타나고 있다.

또한, 서울의 대림동이나 가리봉동을 거치지 않고, 한국에 입국한 후 처음부터 인천의 산업 인프라를 보고 찾아온 경우도 있다. 인천항을 통해 바로 인천으로 입국하거나 공항 접근성이 좋은 인천의 특성상, 남동공단이나 주안공단에 취업하며 부평이나 동암에 첫 주거지를 정하는 조선족 이주자들도 있다. 이들은 서울 대림동과는 별개의 인천 조선족 커뮤니티를 형성하는 양상이 나타나기도 한다. 이렇게 형성된 조선족 커뮤니티는 후술할 부평까지 그 영향이 넓혀지고 있다.

조선족 이주자들은 동암역을 기준으로 북부역 뒤편의 빌라촌에 밀집해 있다. 동남아시아 출신 이주 노동자들이 역 앞의 고시원이나 원룸에 주로 거주한다면, 상대적으로 가족 단위 이주가 많고 한국 사회 정착 기간이 긴 조선족 이주자들은 역에서 조금 떨어진 십정동 일대의 단독주택이나 빌라를 선호하는 경향이 나타난다. 동암역 북부 광장에서 시작되는 공간에는 중국어 간판이 장악하고 있다. 이곳은 동남아 이주자들이 이용하는 아시아 마트와 조선족들이 운영하는 양꼬치 집이 묘하게 공존하며 공간을 나누고 있다.

공간의 분리와 구성

동암역 2번 출구 광장(북부) 정면의 메인 상권은 베트남, 태국, 중국 상점들이 섞여 있는 혼합 지대이다. 이곳은 주로 소비가 이루어지는 곳으로, 외국인 이주자들뿐만 아니라 내국인들의 상권도 혼재되어 있다. 베트남과 태국 출신 이주자들을 위한 상점들은 주로 광장 인간 2층이나 지하, 골목 안쪽 식당가를 점유하고 있다. 중국 출신 이주자들을 위한 상업 공간은 주로 대로변이나 유동 인구가 많은 곳에 상대적으로 그 밀집도가 높게 나타난다.

동암역 1번 출구 광장(남부)은 산곡동과 부평동 방면으로 연결되는데, 북부에 비해 외국인 상권의 밀도는 낮다. 남부는 주로 내국인 중심의 노후 주택가와 전통적인 골목 상권이 유지되고 있어, 북부의 화려한 외국인 거리와는 대조적인 모습을 보인다. 이는 외국인들이 교통 접근성과 외국인 이주자 대상 상업시설이 밀집된 북부 광장을 중심으로 공간을 점유하고 있음을 알 수 있다.

7장

부평역과 배후지역

7.1. 백운역과 연선지역의 변화

백운역의 개통 배경과 현대아파트

백운역은 경인공업지역의 산업화와 시가지의 확장으로, 경인선 복선화(1965년 개통) 이후 1984년에 기존 노선상에 신설되었다. [그림 7-1]은 백운역 개설 이전의 해당 지역을 모습을 보여주는 지도이다. 인천에 백운동이라는 법정동·행정동이 없다는 점을 고려했을 때, 역명은 당시 소지역을 중심으로 통용되던 지명으로 추정된다. 또한 지도에 표기된 경인선 북서쪽에 접한 저층주택 밀집 구역인 백운주택과도 관련이 있을 것으로 보인다.[77]

---

[77] 1970년을 전후하여 철로를 따라 십정동으로 넘어가는 고갯길에 집들이 하나 둘 생기더니 어느덧 주택단지가 생겨 이름을 백운주택이라 하였다. 왜 이름을 백운주택이라 하였는지 자세히 알 수는 없으나 부평 사람들이 볼 때 이 고개에 구름이 하얗게 끼면 비가 오고 그렇지 않으면 비가 아니 오고 하여 백운(白雲)이란 이름이 생겨났다고 한다. 하여간 이로 인하여 후에 생겨난 전철역 이름도 백운역이 된 것이다(인천광역시사, 2002).

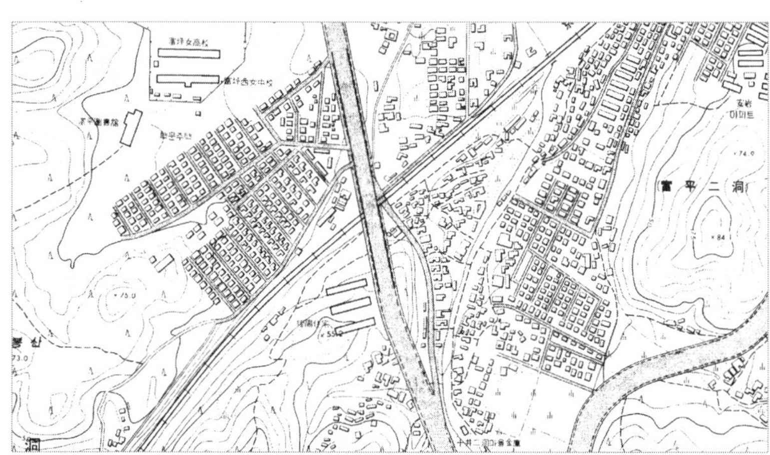

[그림 7-1] 1980년대 초 백운역 개설 이전의 모습

[그림 7-2] 경인선 백운역

현재의 백운역사는 부평과 원인천을 잇는 원통이고개[78]에 자리 잡고 있으며, 현재의 역사는 복복선화와 함께 2002년에 새롭게 준공된 것이다. 백운역–동암역 구간은 산을 깎아 깊게 파서 선로를 놓은 구간이며,[79] 이에 [그림 7-2]와 같이 철도 주변 지대가 높아 지하철 같은 느낌을 주기도 한다.

백운역을 신설하기로 한 배경에는 1969년 인천수출산업공단이 완공되고, 1971년 한국수출산업단지(4단지)로 흡수된 약칭 〈부평국가산단〉의 조성으로 주거지 개발의 수요가 꾸준히 증가했던 것이 작용했다. 또한 광역적 관점에서도 부평 지역은 지속적으로 수도 서울의 배후지로서의 입지 변화가 전개되었고, 이에 따라 통근 수요도 꾸준히 상승하였다.

이를 단적으로 보여주는 사례로 부평현대아파트를 들 수 있다. 현대아파트는 3개 단지 총 4,900세대로 구성되는데, 1980년대 부평지역에 들어선 고층 아파트 단지의 신호탄 역할을 했다고 볼 수 있다. 세간에서는 1985년 1단지가 준공되기 직전에 1차 분양 계약률을 높이기 위한 방편으로 백운역의 개통을 꼽고 있다. [그림 7-3]에서와 같이, 당시 백운역 북부의 산곡동 일원에는 현대아파트 단지를 비롯해 한양, 우성 아파트 단지가 차례대로 들어섰으며, 이러한 아파트 단지 개발의 흐름

---

78 부평삼거리에서 십정동과 간석오거리에 이르는 고개.

79 경인선 부설 당시, 철로를 놓기 위해 산을 폭파한 것으로 볼 수 있으나(인천광역시사, 2002), 조선 중종 때 한강에서 인천 북항을 잇는 수로를 뚫는 굴포작업에서 그 지형적 기원을 찾을 수도 있음.(인천광역시, 2004, 『옛날 옛적에, 인천은』, 인천광역시 인쇄정보산업협동조합, pp.315–318.)

[그림 7-3]
부평 지역의 백화점 개점에 따른
전망을 다룬 기사
경향신문(1992. 1. 16)

은 1990년대까지 이어진다. 현대아파트와 캠프마켓의 동편에 위치한 동아아파트 단지 역시 1980년대에 입주한 대표적인 중산층 주거단지로 볼 수 있다. 다만 동아아파트는 부평역 역세권으로 현대아파트보다 상대적으로 서울 출퇴근 수요가 많은 곳으로 평가된다.

상권의 축소와 재개발의 압력

현대·한양·우성·동아아파트 등 대단위 주거지역의 조성으로, 기존의 부평역·부평시장 상권을 백운역−부개역 사이에는 현대적 쇼핑 공간이 형성되었는데, 2000년대 초반까지 영업했던 현대백화점 부평점이 대표적이다. 본래 현대백화점은 1987년 부평 현대아파트 2단지

[그림 7-4]
재개발된 힐스테이트 부평
필자 촬영(2023. 8.)

[그림 7-5]
부평 현대아파트 단지
재건축 추진 관련 현수막
필자 촬영(2023. 8.)

의 준공과 함께 개점한 '현대타운'이 1991년부터 백화점으로 탈바꿈한 것이다. 당시 현대백화점 부평점은 부평뿐만 아니라 계양구, 부천시 주민들까지 끌어들이는 등 중산층의 소비 양식이 집적된 공간이었다. 동년에 동아아파트 단지 내에도 동아시티백화점도 개점했는데, 1999년에 롯대백화점(부평점)에 인수되었다.[80]

그러나 부천 중동신도시와 상동지구 등 대규모 주거단지들이 차례대로 개발되고, 후술할 부개·삼산택지 개발에 따른 연담화로 인해

---

80 동아시티백화점이 롯데백화점에 인수된 배경에는 IMF 외환위기를 꼽을 수 있다. 당시 모기업이었던 동아건설이 외환위기 이후 운영 자금의 유동성이 경색됨에 따라 백화점은 법정관리의 단계를 거쳐, 결국 롯데백화점에 인수되었다.

이 지역의 백화점들은 구조조정을 경험하게 된다. 먼저 2003년에 현대백화점 중동점이 개점하면서 기존의 부평점은 현대부평몰로 축소 개편되었다가 2006년에는 이랜드그룹에 인수되어, 현재는 2001아울렛 부평점으로 영업 중이다. 또한 2019년 롯데백화점 부평점도 폐점되어 모다아울렛에 인수되었다. 다만, 롯데백화점 부평점의 폐점에는 좀 더 복합적인 요소가 작용했는데, 2010년대 이후의 온라인 쇼핑의 증가와 인천·부천 지역 백화점 시장에서 롯데쇼핑에 대한 공정거래위원회의 독과점 규제가 영향을 끼쳤다.

백운역 연선지역의 노후 주거지를 중심으로 재개발·재건축의 압력도 꾸준히 증가하고 있다. 이러한 변화는 2010년대 이후 본격적으로 백운역 출구와 인접한 지역에서부터 전개되고 있다. 일례로 전술한 노후·저층주택 밀집지역이었던 백운역 북서쪽이 2008년에 재개발 정비구역으로 지정·고시되었고,[81] 2023년 힐스테이트부평으로 탈바꿈했다. 이러한 개발 압력은 역시 상술했던 현대아파트 등 1980년대 이후 조성된 아파트 대단지로 확산되고 있다. 특히 현대아파트는 2010년대 후반부터 1~3단지(총 4,900세대) 통합 재건축이 추진되었고, 2025년 현재 조합설립추진위원회 승인을 받은 상황이다.

재개발·재건축의 압력은 백운역 일대뿐만 아니라 서울지하철 7호선 연선지역과 동반 작용하는 흐름이다. 7호선이 2021년에 기존의 부평구청역에서 석남역까지 여장된 것을 전후하여 해당 노선의 연선지역에 해당하는 산곡동·청천동을 중심으로도 재개발의 압력이 날로

81　백운2 주택재개발정비사업(인천광역시부평구고시 제2017-83호).

[그림 7-6] 과거 영단주택의 모습

부평역사박물관

[그림 7-7] 영단주택이 있었던 산곡역 주변의 현재 경관

인천투데이(2025. 9. 2.)

증대하고 있다. 이 과정에서 1941년 일제에 의해 조성되었던 영단주택도 대규모 철거되었다. 산곡동의 영단주택은 일제강점기 후반 인천육군조병창에 일하던 조선인을 수용하기 위한 주거시설이었다. 부평역사박물관은 철거를 앞두고 영단주택의 기록화 작업에 착수하여, 현재 영단주택 경관이나 생활상은 유물로만 남겨지게 되었다.

캠프마켓 부지 활용을 둘러싼 논의

상술했다시피 과거 산곡동 영단주택의 조성 배경에는 일제의 육군 조병창이 있었다. 이 공간은 비단 인천과 부평을 넘어 한국 근현대사의 변화가 중첩된 대표적인 사례다. 일제는 1930년대 후반, 중일전쟁과 태평양전쟁의 확전에 대응하기 위해 한반도를 병참기지화했고, 1939년 부평에 조성된 육군 조병창은 그러한 전략의 일부였다. 조병창은 무기와 군수품을 생산·정비하는 대규모 군수시설로 기능했는데, 이 과정에서 수많은 조선인 노동자가 강제 동원되었다. 경인선과 인천항에 근접한 부평의 입지는 군수 물자의 집결과 수송에 유리했고, 이로 인해 부평은 일제 말기 군수산업 공간으로 급격히 재편되었다. 특히 조병창의 물자를 경인선으로 실어 나르기 위해 부평역에서 분기하는 인입선이 설치되었는데, 그 흔적은 지금도 확인된다.

1945년 일본의 패전 이후, 조병창 부지는 해체되지 않은 채 미군에 의해 접수되었다. 미군은 기존의 부지와 군수 인프라를 활용해 이 일대를 군수지원기지로 재편했고, 한국전쟁을 전후해 부평은 극동 미군 군수 체계의 핵심 거점으로 기능하게 된다. 이 시기 해당 부지는 소위

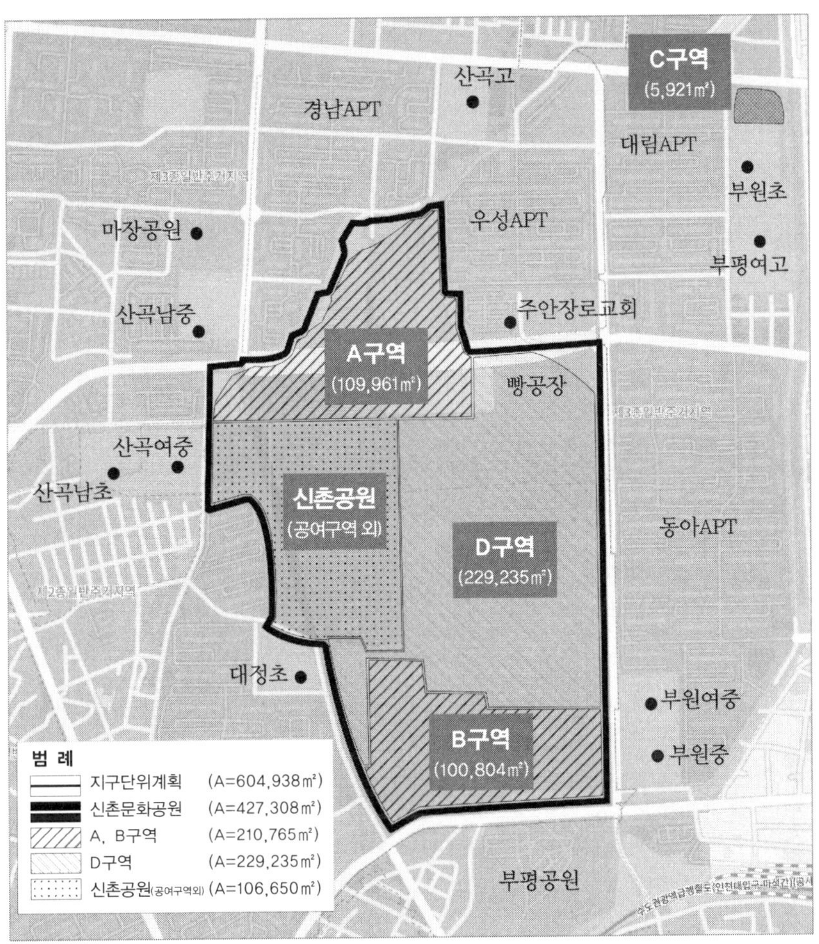

[그림 7-8] 캠프마켓의 위치와 세부 구역

인천광역시

애스컴 시티(ASCOM City)로도 불렸는데, 이후 냉전 질서가 안정화되는 과정에서 캠프마켓이라는 이름의 미군기지로 정착했다. 캠프마켓은 전투부대 주둔지가 아니라 보급·저장·정비를 담당하는 후방 군수기지였고, 빵 공장, 창고, 차량·물자 관리 시설 등 일상적이면서노

비가시적인 군사 기능들이 집중된 공간이었다. 또한 1970년대 초에는 부지의 일부가 육군 제3보급단으로 전용되었다.

조병창에서 캠프마켓, 그리고 육군 보급단으로 이어지는 연속성은, 일제강점기~냉전기~현재에 이르는 시대적 변화 속에서도 공간의 성격 자체는 장기간 유지되었음을 보여준다. 일제의 전쟁 동원 체계와 냉전기 미군의 군수 체계는 서로 다른 역사적 맥락에 속하지만, 부평이라는 공간은 두 체제 모두에서 '후방 군사 생산·지원 기지'라는 기능을 수행했다. 그 결과 부지는 수십 년간 철조망과 통제 속에 놓이며 도시와 단절되었고, 서울의 용산 미군기지와 부산의 캠프 하야리아(現, 부산시민공원)와 같이 국내 도시화의 흐름 속에서 도시 한가운데에 존재하는 접근 불가능한 공백으로 남게 되었다.

1990년대 이후, 이러한 단절은 점차 문제화되기 시작했다. 미군기지의 환경오염 가능성, 도시공간의 비효율적 점유, 그리고 반환되지 않은 식민·냉전 유산에 대한 비판이 시민사회와 지방정부를 중심으로 제기되었다. 이러한 요구는 2000년대 초반 한미 간 기지 재배치 및 반환 협의로 이어졌고, 장기간의 협상 끝에 지난 2019년부터 캠프마켓 부지는 단계적으로 반환되기 시작했다.

현재는 캠프마켓 반환 부지의 활용을 둘러싼 논의가 활발한 중이다. 이러한 논의에서 주목할 대목은 연선지역을 중심으로 전개되는 재개발·재건축 열풍과의 관계이다. 2010년대 이후 연선지역에서는 전술했던 (재)개발 지향적인 주거환경 개선 요구뿐만 아니라, 공공의 가치 또한 크게 부각되었다. 특히 철조망 안에 갇혀 있던 군사 공간의 반환은 단지 토지 소유권의 이전이 아니라 도시 내부에 장기간 축적된 단절을 해소할 수 있는 가능성으로 받아들여졌다. 이는 인근 주거지의 재개발 논의와도 긴밀히 연결되며, 주거 밀도의 상승만이 아닌 생활환경 전반의 질적 전환을 요구하는 목소리를 강화시켰다.

　이에 비춰볼 때 2010년대 이후 경인선 연선지역에 작용하는 압력은 두 갈래로 전개되고 있는 것처럼 보인다. 하나는 노후 주거지와 역세권을 중심으로 한 재개발·재건축 요구이고, 다른 하나는 철도·군사·산업 유휴부지를 매개로 한 환경 개선과 공공 공간 확충에 대한 논의이다. 이 두 흐름은 얼핏 모순적으로 보일지도 모르지만, 동시에 상호 의존적인 측면이 있다. 재개발·재건축으로 대변되는 주거 공간의 재편과 자산 가치의 상승은 필연적으로 주택을 둘러싼 주변 환경의 질적 개선을 필요로 하기 때문이다. 즉 대단위 고층 아파트 단지의 가치 보전은 공공 공간의 확충 없이는 지속 가능할 수 없다는 인식으로 수렴되는 것이다.

　기실 이러한 흐름의 출발은 백운역–부평역 사이에 위치한 부평공원의 사례를 통해서도 가늠해 볼 수 있다. 일제의 미쓰비시 군수공장으로 조성되었던 해당 부지는 육군 88정비부대를 거쳐, 지난 2002년 공원화되어 전면 개방되었다. 이는 인접한 아파트 단지 주거환경의 질을 개선했을 뿐만 아니라, 향후 캠프마켓 부지의 활용과도 연계된다. 인천시는 지난 2021년에 발표한 캠프마켓 미래 10년 로드맵을 통해서도 부평공원을 포함한 주변 녹지와의 연계를 구상한 바 있으며, 이는 후술할 굴포천 복원 사업 등과도 그 궤를 같이한다고 볼 수 있다.

7.2. 부평역과 연선지역의 변화

부평역 개통과 지명(地名)의 이전(移轉)

부평역은 1899년 경인선의 개통과 함께 설치되었다. 부평역의 역명은 현재 역이 위치한 공간의 지명을 그대로 반영한 것이라기보다, 본래 계산동을 중심으로 형성되어 있던 역사적·행정적 지명인 '부평'을 차용한 것으로 짐작된다. 조선 후기부터 부평의 행정 중심은 계산동 일대(現 부평초등학교 일원)에 있었으며, 관아와 시장, 향교 등 주요 기능 역시 이 공간에 집중되어 있었다. 반면 1899년 경인선 개통과 함께 설치된 부평역의 위치는 당시 부평읍의 중심지와는 상당한 거리를 두고 있었고, 주로 농경지와 소규모 취락이 분포한 주변부 공간에 해당했다.

이는 철도 부설 과정에서 기존 읍치보다 서울에서 인천항으로 향하는 노선의 합리성, 주변의 지형 조건, 토지이용의 용이성 등이 우선되었기 때문으로 여겨진다.

역명으로 '부평'이 채택된 것은, 상대적으로 인지도가 높은 행정지명을 철도 거점에 부여함으로써 새로운 중심을 형성하려는 선택으로 볼 수 있을 것이다. 이후 부평역 일대가 상업과 주거의 중심으로 성장하면서 '부평'이라는 지명의 심상지리는 점차 계산동에서 현재의 부평역세권으로 이동하였고, 이는 철도와 철도역 개설에 따라 지명과 도시구조를 재편한 대표적인 사례라 할 수 있다.

전통시장과 부평지하상가

부평역 일대의 변화를 통해 철도 개통 이후 형성된 신(新)부평이 어떻게 도시의 중심 상권으로 부상했는지를 가늠해 볼 수 있다. 20세기 초반만 하더라도 농경지와 소규모 취락만이 분포했던 부평역 주변은 1941년 조병창이 설치되면서부터 급격히 재편되기 시작한다. 상술했다시피 조병창은 대규모 노동력을 필요로 했고, 부평역 일대는 이 공장의 배후 주거지이자 교통의 요충지로 기능했다. 역 주변에는 노동자 주거, 소규모 상점, 숙박과 유흥 기능이 자연스럽게 집적되었으며, 이는 이후 부평 상권 형성의 구조적 기반이 되었다. 이러한 변화 속에서, 당시 조선총독부는 향후 인구의 지속적인 증가를 고려하여 현재 부평역 북측 일원을 중심으로 토지구획정리사업에 돌입했다. 다만, 해당 사업은 마무리되지 못한 채 광복을 맞이하였다.

해방 이후 부평역 일원과 연선지역은 본격적인 도시 확장의 무대가 되었다. 특히 1960년대 이후 재개된 부평 토지구획정리사업은 논과 밭, 군소 취락이 혼재하던 역 주변을 격자형 가로망과 필지로 재편하며, 상업·주거 기능이 결합된 근대적 시가지를 만들어냈다. 이 과정에서 부평역은 단순한 교통 거점을 넘어 인천 북부 생활권의 핵심 결절점으로 자리 잡기 시작했다.

이와 함께 성장한 것이 전통시장 공간이다. 해방 직후와 한국전쟁 이후 피난민과 상인들이 유입되며 자연발생적으로 형성된 양키시장과 부평자유시장을 꼽을 수 있다. 현재 부평 문화의거리 뒷골목으로 추정되는 양키시장은 1970년대까지만 하더라도 인근의 캠프마켓에서

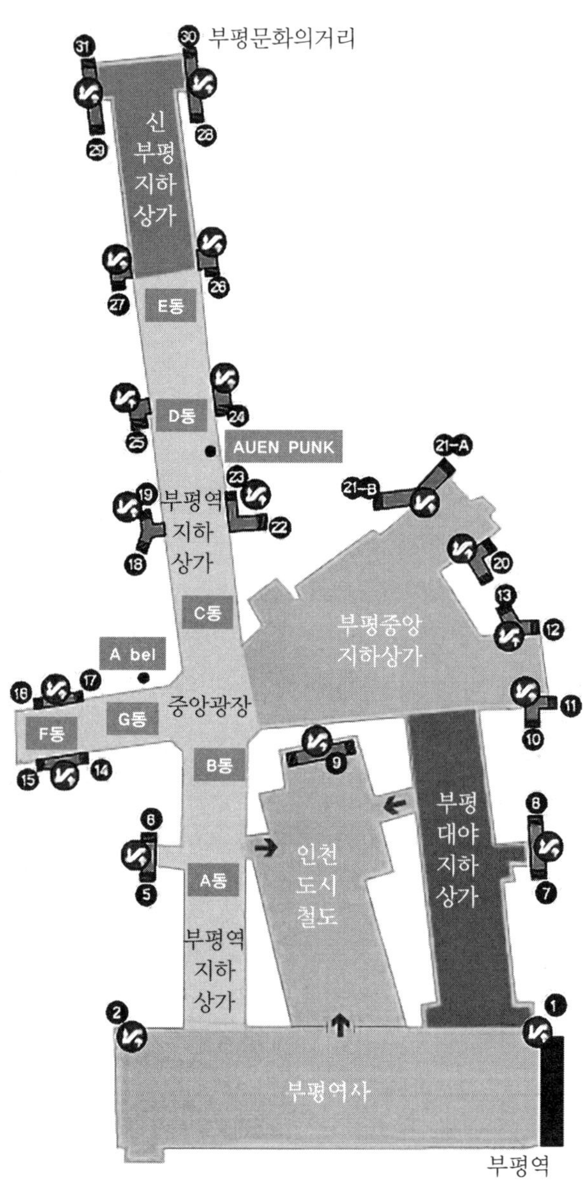

[그림 7-9] 부평지하상가의 구성
주간조선(2016. 4. 10.)

흘러나온 군수품과 외국산 제품을 판매하던 시장으로 기억된다. 그러나 동인천의 양키시장과 마찬가지로 쇠퇴의 길로 접어들어섰으며, 그 끝자락에 부평자유시장의 이름으로 명맥을 이어가다 지금은 그 흔적을 찾기가 어렵다. 현재는 시장로터리 북쪽 방면에 자리 잡은 부평종합시장, 부평깡시장, 진흥종합시장만이 운영 중이다. 이들 전통시장은 1990년대까지 부평역을 필두로 한 연선지역의 인구 증가와 맞물려, 주민들의 생활 수요를 흡수하며 성장했다. 하지만 여느 전통시장의 사정과 마찬가지로 2000년을 전후하여 인근에 대형할인점이 차례로 입점하고, 2010년대 이후에는 온라인 쇼핑 등의 소비패턴의 변화로 인해 상인들이 체감하는 매출의 감소폭은 더해졌다.

한편 1980~90년대에 들어 부평역 일대는 또 하나의 전환점을 맞는다. 교통 혼잡이 심화되고 상업 활동이 지상 공간의 한계를 넘어서면서 조성된 부평지하상가는 부평 도심을 입체적으로 재구성한 핵심 인프라였다. 1978년 가장 먼저 준공된 신부평지하상가를 필두로 이후 1999년까지 총 다섯 차례에 걸쳐 확장되었다.[82] 흥미로운 대목은 부평지하상가가 있는 지하도는 원래 1978년 국가보안상 대피시설, 즉 방공호로 지어진 것으로 다수의 매체에서 확인된다. 방공호이긴 하지만, 평상시에 시민들이 오갈 수 있게 개방돼 있었는데, 오가는 사람이 있으니 몇몇 상인이 현재의 신부평지하상가 위치에서 점포를 열기 시작하면서 지하상가의 면모를 갖춘 것으로 여겨진다. 2014년에는

---

82   현재 부평지하상가(부평모두몰)로 통칭되는 상가는 본래 신부평지하상가(1978), 부평시장로타리지하상가(1980), 부평역지하상가(1986), 부평중앙지하상가(1989), 부평대아지하상가(1999)가 차례대로 입점한 것에서 비롯된다.

당시 약 31,692㎡ 면적에 1,408개의 점포가 밀집해 있는 것이 인정되어 기네스 북에 등재되기도 했다. 현재는 이 개별 상가들을 통합하여 '부평모두몰'이라는 브랜드로 부르며 관리하고 있다.

부평지하상가는 단순한 지하통로가 아니라, 철도역·버스터미널·전통시장·상가 밀집지를 연결하는 거대한 보행 네트워크로 기능했다. 상대적으로 저렴한 임대료와 높은 유동 인구를 바탕으로 의류, 잡화, 음반, 액세서리 상점이 밀집했고, 이는 당대 청년층 소비문화와 소상공인 경제가 결합된 독특한 상업 생태계를 형성했다. 특히 지상의 전통시장의 생활밀착형 상업과 대비되는, 빠른 유행과 회전율을 특징으로 하는 지하상가는 부평 상권의 다층적인 구조를 만들어냈다.

2000년대 이후에는 상업 중심지로서의 부평에 문화적 의미를 부여하려는 시도가 이어졌다. 부평 문화의거리와 테마의거리 조성은 전통시장과 지하상가로 대표되던 소비 공간에 공연, 축제, 거리 문화를 결합하려는 도시재생적 실험으로 평가할 수 있다. 여기에는 1997년부터 부평 풍물 놀이마당으로 시작된 현재의 부평풍물대축제라는 연례 이벤트도 포함된다.

굴포천 복원사업의 함의

최근 부평역 주변이나 연선지역 변화의 흐름을 조망할 수 있는 사례로 현재 부분적으로 준공·완료된 굴포천 생태하천 복원 사업을 꼽을 수 있다. 굴포천은 만월산에서 발원하여, 부평구·계양구의 저지대에서 형성된 다수의 소하천과 배수로가 합류한 후, 김포에서 한강으로

[그림 7-10] 굴포천 복개 경관(좌)과 생태하천 복원 사업 이후의 조감도(우)
부평구청

합류하는 수계이다. 전통적으로 농업용수의 역할을 담당했던 굴포천은 평상시에는 비교적 일정한 유량을 유지했지만, 국내 다수의 하천이 그러하듯 집중호우 시에는 쉽게 범람하는 구조적 특성을 지니고 있었다. 이러한 자연지리적 조건은 훗날 굴포천이 '관리 대상 하천'으로 전환되는 중요한 배경이 된다.

전환의 결정적 계기는 1960년대 이후 부평의 급격한 산업화와 도시화였다. 부평공단 조성과 함께 인구가 집중되고, 부평역을 중심으로 상업·주거 기능이 빠르게 밀집하면서 굴포천은 더 이상 자연적인 배수 체계로는 감당할 수 없는 하중을 떠안게 된다. 당시 하수 처리 인프라는 충분히 구축되지 않았고, 생활하수와 산업폐수가 하천으로 유입되면서 악취와 위생 문제가 상시화되었다. 이 시점에서 굴포천은 '자연환경'이 아니라 '도시 문제'로 인식되기 시작한다.

산업화 이후 대체로 1990년대에 집중된 굴포천 단계적 복개는 이러한 문제의식에 대한 국가·지방정부 차원의 실천적 대응이었다. 복개는 단순히 하천 위를 덮는 토목공사가 아니라, 하천을 지하의 박스형 수로로 전환하고 그 상부를 도로와 상업 공간으로 재편하는 도시공간 재조직 과정이었다. 특히 부평역 연선지역을 관통하는 구간(부평1동 행정복지센터–부평구청)에서는 복개된 굴포천 위로 도로망과 주차장이 형성되고, 전통시장과 상가, 역세권 상업지구가 확장되며 오늘날의 도시 구조가 자리 잡았다. 치수와 위생, 개발과 토지이용의 극대화와 같은 논리가 작용한 것이라 볼 수 있는 것이다. 이 과정에서 복개된 공간은 도시의 기반시설로 완전히 편입되었고, 물의 흐름은 가시적 공간에서 사라졌다.[83]

그러나 복개는 문제의 종결이 아니라 새로운 위험의 축적을 동반했다. 통수 단면이 고정된 복개 하천은 집중호우 시 유량을 분산할 여지가 없었고, 하류 수위 상승이나 강우 집중 시 역류 위험이 구조적으로 증대되었다. 부평역 일대의 저지대 특성은 이러한 취약성을 더욱 강화했다. 즉, 굴포천은 덮임으로써 도시의 일상 경관에서 감춰졌지만, 그에 수반되는 위험과 취약성은 잠재되어 있었다고 볼 수 있다.

2000년대 이후 굴포천을 둘러싼 인식은 다시 변화한다. 환경 담론의 확산과 함께 복개 하천의 한계가 재조명되었고, 상류와 일부 구간에서는 복개를 해체하거나 생태·친수 공간을 도입하는 정비가 이루

---

83 한편, 주거 및 상업시설이 밀집된 굴포천 중상류 구간과 달리, 하류 지역에는 1987년 집중호우로 발생한 큰 피해를 계기로 1994년부터 굴포천 방수로 사업이 대대적으로 진행되었다.

어졌다. 서울의 청계천 복원 사업도 정책 담론의 변화에 큰 영향을 미쳤다. 다만 굴포천의 경우 청계천과 같은 전면적 복원과는 성격이 다소 다르다. 굴포천은 자연유량이 존재하는 하천이기에 대규모 인공수원 공급까지는 크게 필요하지 않았고, 논의의 출발 역시 수량 확보가 아니라 수량 통제와 안전한 관리에 놓여 있었다.

이와 함께, 2010년대 이후 부평역 연선지역 전반에 걸쳐 증대되고 있는 일련의 (재)개발 압력도 굴포천 생태하천 복원 사업에 영향을 끼쳤다. 전술했던 부평공원의 조성과 캠프마켓 부지 반환의 활용 논의와 마찬가지로, 부평역세권 공간과 연선지역의 주거·상업지역의 가치를 높이는데도 굴포천의 경관 개선과 친수 공간으로의 변모가 긴요하기 때문이다.

종합하여 굴포천의 변모 과정은 자연하천이 산업도시의 성장 논리 속에서 덮이고, 그 위에 도시가 구축된 뒤, 다시 위험과 환경의 언어로 재해석되는 과정을 압축적으로 보여준다. 그러나 그 이면에는 탈산업화 이후 연선지역에 작용하는 새로운 개발 논리가 경합하여, 일련의 환경 및 위기 담론과 중첩되는 국면으로 볼 수 있을 것이다.

7.3. 부평역 주변의 다문화 공간

부평역 일대는 하루 유동 인구가 10만 명을 넘는 인천의 대표적인 교통 및 상업 요충지이다. 이곳은 한국인들의 공간만이 아니라 미얀마, 중국 등의 다양한 외국인 이주자들의 흔적이 남겨진 장소가 되어

가며 다문화 사회로 변화하는 한국 사회의 단면을 보여주는 대표적인 장소로 성장하고 있다. 부평역 일대에 많은 외국인이 밀집하게 된 데에는 여러 요인이 복합적으로 얽혀 있다.

역사적 배경: 이주와 산업화의 연결고리

부평의 역사는 곧 이주자의 역사로 봐도 무방하다. 일제강점기에 일본은 중일전쟁과 태평양전쟁을 위한 병참기지로 부평을 선택하게 된다. 1939년에 일본 육군의 무기 공장인 인천육군조병창이 부평에 들어서면서 평온한 농촌이었던 부평지역은 거대한 공업지역으로 변모하게 된다. 당시 공장들을 가동하기 위해 전국 각지에서 수만 명의 조선인 노동자들이 부평으로 유입되었다. 이는 이 시점까지 역사상 최대 규모의 외지인 유입이었다. 노동자들은 공장 주변에 '줄사택'이라고 불리는 임시 숙소를 짓고 거주했는데, 이는 현재 부평역 주변에 노후화된 다세대 주택단지가 형성되게 된 시초가 되었다. 외지인들이 모여 살면서 형성된 이 지역의 개방적인 분위기는 이후 외국인 이주 노동자들이 정착하는 데 있어 심리적 문턱을 낮추는 역사적 자산이 되었다.

해방 이후 조병창 부지는 미군 기지인 "캠프 마켓(Camp Market)"으로 사용되었다. 1950~60년대 부평은 미군부대를 중심으로 한 서비스업과 유흥업이 극도로 발달한 도시였다. 당시 부평역 인근은 미군들을 대상으로 한 클럽과 바가 즐비했으며, 이곳을 통해 재즈와 락 같은 서구 문화가 한국에 처음 상륙하기도 했다. 즉, 부평은 서구 문화의 한국 사회 유입 통로 중 한 곳이었던 것이다. 이 시기 부평은 미군이라는 특정 외국인 집단과 공존하는 역사가 수십 년간 지속되었다. 이로 인해 부평의 지역 분위기는 외국인에 대한 낯섦보다 경제적 동반자로서의 인식이 강해지게 된다. 이러한 배경은 이후 1990년대 아시아계 외국인 노동자들이 들어왔을 때, 지역 사회가 그들을 비교적 자연스럽게 받아들일 수 있는 기초가 되었다.

1960년대 후반부터 정부는 부평역 인근에 "한국수출산업공단(부평공단)"을 조성했다. 섬유, 가발, 전자제품 등을 생산하던 부평공단은 당시 한국의 수출을 이끄는 지역이 되었다. 이때는 전국의 젊은 여성 노동자들과 남성 노동자들이 부평역으로 모여들었다. 당시 노동자들은 저렴한 주거지를 찾아 부평역 인근의 좁은 방, 즉 "벌집"이나 "쪽방"에 거주했다. 이때 형성되었던 저렴한 주거 상권과 좁은 골목길들은 1990년대 들어 한국인 노동자들이 떠난 자리를 외국인 이주 노동자들이 그대로 이어받는 물리적 환경을 제공했다.

1980년대 후반, 한국은 "저달러, 저유가, 저금리"의 3저 호황과 88 서울 올림픽을 거치면서 급격한 경제 성장을 이루었다. 산업의 고도화와 생활 수준의 향상으로 한국인들이 제조업 현장을 떠나기 시작했다. 정부는 노동력 부족 문제를 해결하기 위해 1993년 "외국인 산업연수생 제도"를 도입했고, 이때부터 본격적으로 동남아시아 노동자들이 부평공단으로 유입되기 시작했다. 즉, 정부는 외국인을 '노동자'가 아니라 '기술을 배우러 온 연수생' 신분으로 입국시키는데, 이는 노동법의 보호를 받지 못하는 저임금 인력을 합법적으로 수급하기 위한 일종의 편법적 장지 성격이 강하다. 제도 도입 조기, 베트남, 필리핀, 네팔,

미얀마, 방글라데시 등 동남아시아 10여 개국 출신의 이주 노동자들이 부평으로 대거 몰려들었다. 부평공단은 노동집약적인 제조업 중소업 체들이 밀집해 있어 인접한 남동공단과 안산의 시화반월공단으로 이 어지는 거대 제조업 벨트로 많은 산업연수생이 배치되었다. 이들은 2004년 고용허가제가 실시되면서 연수생에서 정식 노동자로 인정받 기 전까지 10여 년 동안 부평의 3D 노동 시장을 담당하였다.

경제적 배경: 산업 클러스터와 저렴한 정착 비용

부평역 일대가 외국인 밀집 지역으로 성장하게 된 경제적 배경은 한국 산업 구조의 변천과 부평이 가진 지리적, 물리적 특수성에 기인 한다고 할 수 있다.

먼저, 부평역을 둘러싼 제조업 클러스터는 외국인들의 유입을 유인 한 강력한 요인이다. 부평역은 부평국가산업단지뿐만 아니라 주안산 단, 남동국가산단 등 인천의 핵심 공업지대를 잇는 중심축에 위치한 다. 1990년대 이후 한국 경제가 고도화되면서 내국인 노동력은 서비 스업과 고학력 사무직으로 이동했고, 제조업 현장에는 심각한 인력 부족 현상이 발생했다. 이 노동력의 빈자리를 메우기 위해 저임금 외 국인 노동력이 대거 유입되었으며, 부평은 이들을 흡수하는 역할을 했다. 특히 조립, 금속, 플라스틱 등 노동집약적 중소기업이 밀집한 부평의 산업 구조는 외국인 노동자들이 진입하기에 가장 용이한 경제 적 토양을 제공했다.

부평역 주변의 주거 시장은 이주 노동자들에게 최적화된 경제적 구조를 지니고 있다. 부평역 북부와 남부의 배후지에는 1970~80년대 내국인 노동자들을 위해 지어진 노후된 다세대 주택과 빌라, 전술한 쪽방 형태의 주거지가 밀집해 있다. 한국인들이 떠나가면서 가치가 하락한 이 부동산 자산들은 낮은 보증금과 월세를 형성하며 이주민들이 적은 비용으로 정착할 수 있게 해주었다. 또한, 한 가구에 여러 명이 거주하는 공동 거주 형태를 통해 주거비를 분담하는 방식이 확산되며, 낮은 임금의 상당 부분을 고향으로 송금해야 하는 이주 노동자들에게 경제적 유인을 제공했다.

외국인 이주 노동자의 유입이 지속되자, 이들을 타겟으로 하는 독자적인 시장이 형성되기 시작했다. 초기에 생겨난 식료품점과 식당들은 단순히 이들의 소비 공간으로만 머무는 것이 아니라 환전, 국제전화, 택배 등 외국인 이주자 생활 전반에 걸친 경제 서비스를 제공했다. 이러한 에스닉(ethnic) 상권은 이주자들이 번 돈을 다시 지역 내에서 소비하게 만드는 경제적 선순환 구조를 만들었다. 특히 후술할 부평역의 미얀마 거리는 미얀마인을 포함한 아시아계 외국인 이주자의 단순한 소비처를 넘어 이들이 직접 자본을 투자해 가게를 열고 고용을 창출하는 장소로 진화했다. 이는 부평역 일대를 단순한 거주지를 넘어 하나의 거대 외국인 경제의 장으로 변화시킨 동력이었다.

경제적 관점에서 부평역의 교통 인프라는 노동력의 이동 비용을 최소화해 주는 핵심 자산이다. 수도권 전철 1호선과 인천 1호선이 만나는 환승 역세권인 부천역은 안산, 시흥, 부천 등 주변 공단 지역 노동자들이 주말마다 모여 정보를 교환하고, 사회적 네트워크를 형성 및 확산해가는 데에 가장 효율적인 장소였다. 일자리 정보, 비자 상담,

중고 물품 거래 등 경제 활동에 필수적인 정보가 부평역으로 모여들면서, 이주 노동자들은 이곳을 방문하는 것만으로도 탐색 비용을 대폭 줄일 수 있었다. 이러한 교통의 중심성은 부평역 일대를 수도권 서부 외국인 네트워크의 허브로 작동하게 하였다.

사회적 배경: 외국인 이주자의 커뮤니티 형성

부평역 일대를 중심으로 외국인 이주자들이 밀집한 데에는 경제적 이유뿐만 아니라 이들이 한국이라는 낯선 사회에서 생존하기 위해 구축한 사회적 안전망과 공간적 점유의 과정으로 볼 수 있다.

부평역은 단순한 환승역을 넘어, 수도권 서부 지역 이주자들의 사회적 자본이 모이고 흩어지는 플랫폼 역할을 해왔다. 1990년대 초반부터 형성된 국가별 커뮤니티는 새로 입국한 이주자들에게 취업 정보, 비자 관련 법률 지식, 주거지 확보 방안 등 생존에 필수적인 정보를 제공했다. 특히 스마트폰이 보급되기 전, 부평역 북부 광장은 이주자들의 사회적 네트워크의 중심지였으며, 이곳에서 형성된 끈끈한 사회적 결속은 이주자들이 한국 사회의 소요된 환경 속에서도 심리적 안정감을 유지할 수 있게 하는 강력한 지지 기반이 되었다.

사회적 통합의 관점에서 종교시설과 자치조직의 존재는 매우 결정적이다. 부평역 인근에는 미얀마 불교 사원을 비롯해 베트남, 필리핀 공동체를 위한 종교 공간과 쉼터가 곳곳에 위치한다. 특히, 1994년 결성된 미얀마 노동자협회는 부평을 단순한 일터가 아니라 사회 운동의 거점으로 만들었다. 이들은 노동권 상담뿐만 아니라 고국의 민주화

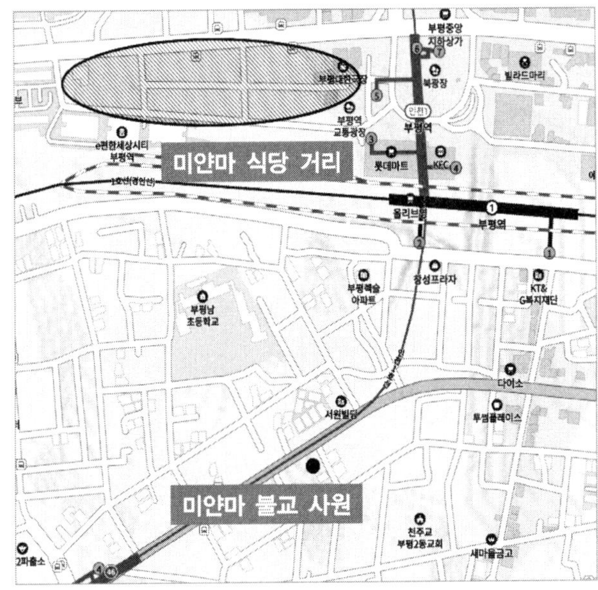

[그림 7-11]
부평역 근처
미얀마 식당 거리
및 불교 사원 위치

운동을 지원하는 등 고도의 사회적 의식을 공유하며 결집했다. 또한 매주 일요일, 사원이나 교회에 모여 음식을 나누는 모습 역시 나타나는데, 이는 이주자들에게 낯선 한국 사회에서 사회적 소속감을 제공한다. 이러한 종교적 거점들이 부평역 인근에 자리 잡으면서, 자연스럽게 같은 종교를 공유하는 국적의 사람들이 주변부로 모여드는 현상이 나타난다.

사회학적으로 부평역 일대는 에스닉 엔클레이브(ethnic enclave) 현상을 보인다. 한국인들이 떠나간 노후 주택가와 쇠퇴하던 구도심 상권을 이주자들이 문화적으로 재점유하면서 독특한 사회적 경관이 만들어졌다. 이 과정에서 초기에는 지역 주민들과의 갈등이 존재했지만, 시간이 흐르며 지자체와 민간 단체의 중재로 다문화 축제나 거리 정화

캠페인이 시행되었다. 이러한 사회적 상호작용은 외국인 이주자를 이방인이 아닌 지역 사회의 구성원으로 인식하게 하는 변화를 이끌어냈다. 이는 부평역 지하상가나 문화의 거리에서 외국인들과 내국인이 자연스럽게 같은 문화를 향유하는 풍경을 자아낸다.

전술한 것처럼 부평역의 편리한 교통망은 이주자들의 사회적 관계망을 광역화했다. 경인선 1호선을 통해 서울의 대림동, 안산의 원곡동과 연결되고, 인천 1호선을 통해 남동공단과 연결되는 지리적 이점은 부평을 수도권 이주자 네트워크의 거점 도시로 만들었다. 이로 인해 주말에는 인천뿐만 아니라, 부천, 시흥, 안산 등지에 사는 이주자들이 부평역으로 모여들게 되었고, 이러한 광역적 접근성은 부평역 상권이 수도권 다문화 상권으로 성장할 수 있는 동안이 되었다.

부평역 미얀마 거리

부평역 북광장 인근에 위치한 미얀마 거리는 국내에서 특정 국가의 공동체가 가장 밀도 있게 형성된 상징적인 공간이다. 이곳은 단순한 외국인 상권을 넘어, 미얀마 이주자들의 생존과 연대, 그리고 고국의 민주화를 염원하는 정치적 에너지가 모이는 장소이기도 하다.

부평 미얀마 거리의 탄생은 1990년대 초반 한국의 산업 구조 변화와 맞물려 있다. 당시 한국은 급격한 경제 성장을 이뤘지만, 중소기업들은 3D업종 기피현상으로 인해 극심한 노동력 부족에 시달렸다. 이를 해결하기 위해 1993년 도입된 외국인 산업연수생 제도는 미얀마 청년들이 한국으로 유입되는 결정적인 계기가 되었다. 당시 미얀마(버마)

[그림 7-12] 부평역 교통광장 내 미얀마 청년들
필자 촬영(2025. 9. 27.)

는 군사 독재하에서 경제적 빈곤과 정치적 억압이 극에 달했던 시기였다. 높은 교육 수준을 가지고 있던 미얀마의 엘리트 청년들조차 생계와 자유를 위해 한국행을 택했다.

전술한 것처럼 부평은 거대한 국가산업단지를 배후에 두고 있었고, 교통이 편리해 인접한 공단(주안, 남동 등)에서 일하는 미얀마 노동자들이 주말에 모이기에 최적의 장소였다. 즉, 공단의 노동 수요와 미얀마 청년들의 경제적, 정치적 망명 수요가 부평역이라는 공간에서 만난 것이 미얀마 거리 형성의 시초라고 할 수 있다.

미얀마 거리의 형성 과정은 단순히 식당이 늘어난 과정이 아니라, 고난을 함께 극복하기 위한 공동체 구축의 과정이라 할 수 있다. 1990년대 중반인 형성 초기 단계에는 부평역 인근의 서틀한 식당이나 찻집에 서너 명씩 모여 고향 소식을 나누는 수준이었다. 그러다 1994년, 한국 내 미얀마인들의 인권을 보호하고 민주화 운동을 지원하기 위해 미얀마 노동자협회가 부평역 근처에 사무실을 열면서 이곳은 단순한 모임 장소를 넘어 활동의 거점이 되었다.

7.4. 부개역과 연선지역의 변화

경인선 통과 구간에서 주거지역으로의 재편

부개역 연선지역의 변화는 경인선의 통과 구간이 주거지역으로 전환되는 도시적 과정으로 볼 수 있다. 부개역은 1996년 3월 28일 부평역–송내역 사이에 신설되었다. 이는 부개동·일신동 일대가 오랫동안 유지해 왔던 연선지역의 위상을 바꾸는 계기였다. 역 개통 이전 부개역 연선지역은 철도와 공업·군사시설, 소규모 주거지가 뒤섞인 주변부였으나, 역 개통 이후 통근 접근성이 급격히 개선되며 주거 수요가 본격적으로 유입된다.

이러한 변화를 제도적으로 뒷받침한 것이 1990년대 부개택지개발지구 조성과 부개주공·일신주공 아파트의 공급이다. 부개역 남측에 공급된 일신주공은 1995년, 부개역 북측의 부개주공(1~6단지)은 1996년 전후로 준공되어, 부개역 개통 시기와 거의 맞물린다. 이는 철도 개통–(공공)주택공급–생활권 형성이라는 전형적인 수도권 주거지역의 확장 모델을 보여준다. 광역적 관점에서 보자면, 부개택지개발지

[그림 7-13] 부개역 북부 주변 경관
필자 촬영(2026. 2. 17)

구와 현재 길주로(서울지하철 7호선) 북쪽에 접한 삼산택지개발지구는 주택 공급의 시기와 규모면에서 수도권 1.5기 신도시 또는 미니신도시라 불릴 만하다. 다만, 부개역 도보권은 대규모 신규 주거지라기보다, 저층 주택 중심의 기성 시가지에서 공공주택 공급을 통해 밀도를 끌어올린 지역이라는 점에서 1기 신도시와 구별된다.

2000년대 중반 이후의 주택공급은 신규 택지 개발이 아닌, 기존 저층·노후 주거지의 재개발·재건축에 의해 전개되었다. 부개역 인근에 들어선 부개역 푸르지오, 코오롱 하늘채, SK해모루 등 대단지 아파트 등이 대표적 사례이다. 이들 단지는 다세대·연립주택, 소규모 공장, 노후 단독주택이 혼재하던 필지를 정비해 조성되었으며, 부개역 도보권이라는 입지가 핵심적인 사업 동력이었다. 더욱이 부개역은

[그림 7-14] 상동호수공원의 전경
부천시청

경인선 인천 구간에서도 서울과 가장 근접한 철도역으로서, 출퇴근 수요가 충분하다는 점도 작용했다. 즉, 부개역은 단순한 교통시설이 아니라 재개발의 경제성을 성립시키는 공간적 레버리지로 기능했다.

이러한 재개발 단지의 등장은 부개역 일대를 주공(現, LH) 중심의 1990년대형 주거지에서 민간 브랜드 아파트가 공존하는 혼합 주거지로 전환시켰다. 동시에 상업·편의시설의 질적 변화도 동반되었다. 소규모 근린상권 위주였던 역 주변에는 프랜차이즈, 의료시설, 학원 등이 집적되며 근린 규모의 생활권이 보다 뚜렷해졌다.

최근에는 부개주공 일부 단지의 리모델링 추진이 새로운 변곡점으로 등장하였다. 이는 전면 철거 방식의 재건축이 아닌, 기존 골조를 유지한 채 주거 성능과 면적을 개선하는 전략으로, 이미 고밀화된 부개역 연선지역에 작용하는 개발 압력을 반영한다. 물론 리모델링 사업이 실제로 진행될지의 여부는 지켜봐야겠으나, 1990년대 이후 조성된 고층아파트 대단지의 변화를 조망해 볼 수 있는 계기가 될 것으로 보인다.

부평과 부천 사이

부개역 연선지역과 부개·일신·삼산동 일원의 주거지는 행정구역상으로 인천광역시 부평구에 속하지만, 일상적 생활권에서는 부천시와 깊이 얽혀 있는 경계 공간이다. 현재의 행정경계 기초가 일제강점기 부군면 통폐합 당시 굴포천을 따라 성립된 것으로, 오늘날의 도로망과 주거지 구조, 생활권과는 상당한 괴리를 보인다. 오늘날 이 지역은 부개택지·삼산택지지구에 공급된 아파트 중심의 전형적인 한국형 신도시의 경관과 철도와 간선도로를 따라 형성된 중·소규모 공동주택과 단독·다세대주택이 혼재한 주거지로, 서울·부천 방면으로의 높은 접근성이 주된 특징을 이룬다.

특히 경인선(1호선) 및 7호선 연선지역의 부개동·삼산동 주민들은 물론이고, 부천시 송내동과 경계를 맞대고 있는 일신동 주민들은 부평역보다 부천 상동·중동·송내동 방면으로의 이동이 더욱 활발한 편이다. 또한 송내역 남부 광장의 정류장에서는 부평 및 인천 방향으로 가는 버스들이 더 많이 배차 중이다.

이러한 생활권의 특징은 주민들의 여가·소비 행태에서도 분명하게 드러난다. 특히 부개동·삼산동과 부개역 인근 주민들은 행정구역상 타 도시임에도 불구하고, 상농호수공원이나 웅진플레이도시와 같은 부천시의 대표적 공공·여가시설을 일상적으로 이용한다. 실제로 언론 보도와 지자체 관계자 발언에서는 상동호수공원의 주요 이용자가 부천시민보다 인접한 부평구 주민일 가능성이 높다는 지적도 제기된 바 있다.[84] 이는 행정경계보다 도보·자전거 접근성, 시가지의 연속성 등이 기반시설과 서비스 이용의 빈도와 패턴에 더 크게 영향을 미치고 있음을 보여준다.

이 같은 생활권의 중첩은 1990년대 이후 시가 구역(built-up area)의 외연적 확장이 빚은 결과물이라 볼 수 있다. 1990년대 이전만 하더라도, 부평과 부천 시가지는 분리돼 있었으나, 수도권 1기 신도시 일환으로 개발된 중동신도시와 이후 부개지구·삼산지구·상동지구 등의 대규모 택지개발지구가 순차적으로 조성되면서 부평구와 부천시의 시가 구역이 연담화되었다.

시가지가 연담화되면서 가장 먼저 도로 교통 문제를 야기하였다. 이 지역을 관통하는 수도권제1순환고속도로가 중동 신도시(수도권 1기) 개발 당시 계획되었으나, 문제는 이후에 순차적으로 상술한 부개·삼산·상동지구가 고속도로 연선지역에 배치되면서 교통대란을 마주하게 되었다. 현재 이 지역의 주민들이 가장 많이 이용하는 중동–송내 나들목 구간은 전국의 고속도로 중에서도 손꼽히는 통행량을 기록하여 만성적인 정체를 경험하고 있다. 이는 교통 기반시설의 용량이 배후 지역의 인구 규모에 비해 부족한 난개발 사례로 꼽을 수 있을 것이다. 물론 이 같은 사례는 수도권 지역의 많은 신도시들이 경험하고 있는

---

84 한겨레신문, 2019년 10월 19일 자, "화장장에서 공원까지 이웃도시와 잇단 '공유'".

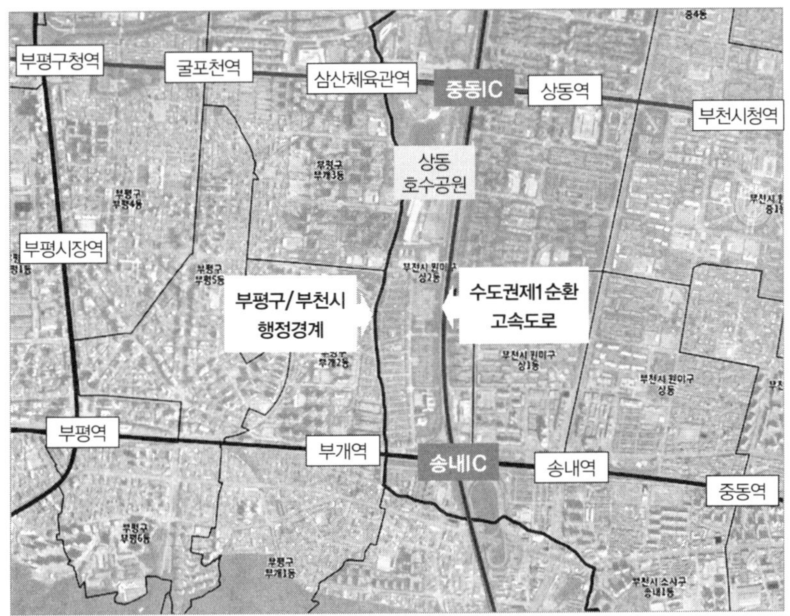

[그림 7-15] 부평구/부천시 행정경계 주변도

바이기도 하다.

　한편, 시가지의 연담화는 부평구(인천광역시)와 부천시(경기도) 간의 행정경계에 대한 문제제기로도 이어졌다. 부천시는 상동·삼산·부개 일대의 경계선을 보다 직선화하거나 현실 생활권에 맞게 조정할 필요가 있다는 입장을 여러 차례 밝혔고, 관련 논의가 언론을 통해 공개적으로 제기되기도 했다. 반면 부평구와 인천시는 현재의 행정경계가 이미 오랜 기간 유지되어 경계 조정 시에 혼선을 빚을 수 있다는 이유로 신중한 태도를 보이고 있다.[85]

85　연합뉴스, 2023년 1월 2일 자, "경기 부천-인천 부평 '구불구불' 경계선 … 직선화

　　다만, 행정구역과 생활권이 일치하지 않는 여건 속에서, 부평구와 부천시 양 지자체 간의 협력은 비교적 활발한 편이다. 지난 2011년 부평구―부천시는 공동발전을 위한 협약(일명 '부부협약')을 체결한 이래로 행정경계 지역을 중심으로 협력을 도모하고 있다. 이러한 노력은 특히 도서관, 청소년수련관, 체육관, 공원, 하천(굴포천) 등의 공공시설의 이용 부문에서 두드러진다. 나아가 인천시(부평구·계양구)와 부천시는 이 지역의 쓰레기 소각장 공동이용 방안도 모색하고 있다. 이러한 배경에는 부천시 소각장 노후화에 따른 현대화 필요성과 부평구·계양구의 소각장 신설 현안이 작용하고 있기 때문이다. 이에 최근 양 지차체는 부평·계양의 생활폐기물을 소각장 신설을 통해 해결하는 것보다 부천 소각장에서 함께 처리하는 것을 검토하고 있다. 물론 이는 부천시 주민에 대한 설득과 협의가 필요한 과제이다.[86] 또한 최근 부개동·삼산동 주민들과 부평구의회는 상동호수공원 지하에 설치 예정인 GTX―B 노선 특고압 변전소을 놓고 강력한 반대 입장을 내고 있다. 변전소의 설치 예정지가 비록 부천시 행정구역에 포함되지만, 이 지역 주민들은 부개동 아파트 단지와 인근 10여 개 학교와 가까워(약 100~200m) 학생들과 주민들에게 전자파 영향을 미칠 것을 우려하고 있기 때문이다.

　　종합하여 부개역 연선과 부개동 일원의 주거지는 '부평에 속한 동

가능할까".

86　경인방송, 2012년 7월 16일 자, "인천 부평·계양 생활폐기물 부천 소각장 이용 길 열리나…폐촉법 개정으로 소각장 거리제한 완화".

네'이면서 동시에 '부천을 생활권으로 삼는 동네'라는 이중적 성격을 지닌다. 이 지역은 행정구역이 주민 생활의 공간적 패턴과 동질성을 온전히 포섭하지 못한다는 점을 보여주는 사례이자, 향후 수도권 도시들의 행정구역 설정이나 기반시설 이용의 편의성 둘러싼 논의에서 주민들의 실제 생활권과 이동패턴을 어떻게 수용할 수 있을 것인지에 관한 문제제기를 낳는다고 할 수 있다.

8장

나오며

본 저서는 한반도 최초의 철도인 경인선을 단순한 교통시설의 연대기로 서술하는 데서 벗어나, 철도라는 인프라가 도시공간과 사회를 어떻게 조직하고 재편해 왔는지를 인천 구간을 중심으로 해석하고자 시도하였다. 이를 위해 서론에서는 문제의식과 관점을 제시하고, 2장에서는 경인선 철도의 형성과 운영 변화를 서사적으로 검토·정리한 뒤, 3장부터 7장까지는 경인선 철도 인천 구간(인천역-부개역)의 연선 지역을 따라 공간별·시기별 변화를 각론적으로 정리하였다. 이에 기초하여 본 장에서는 경인선 인천 구간이 갖는 역사적 의미와 오늘날의 함의를 정리하고, 본 저서의 의의와 한계를 논의하고자 한다.

먼저 경인선이 한국 근대화·산업화·도시화의 과정에서 단순히 병렬적으로 존재한 것이 아니라, 도시공간의 형성과 재편에 있어서 지속적으로 상호작용해 온 국가 인프라였음을 제기하였다. 철도는 이동수단이자 국가 권력의 공간적 구현이며, 자본과 노동, 인구와 일상의 흐름을 조직하는 장치였다. 이런 측면에서 경인선 부설은 인천의 기성 시가지 구조는 물론이고, 일상 경관과 생활양식에 주도적으로 영향을 미쳤음을 부정할 수 없다. 그러나 동시에 경인선은 연선지역의 시가지 확장과 쇠퇴, 거주 및 유동 인구의 증감에 맞춰 지속적인 재편과 압력을 받아왔다는 측면도 놓쳐선 안 될 것이다.

2장은 이러한 문제의식을 바탕으로 총론적 관점에서 경인선 철도의 서사를 정리하였다. 이 장에서 경인선은 개항기 식민지적 철도 부설, 산업화 시기의 통근·수송 축, 복복선화와 급행 체계 도입, 그리고 최근의 특급·GTX 논의에 이르기까지 지속적으로 그 역할을 재정의 받아 온 인프라로 제시되었다. 특히 수송수요의 증가와 혼잡이라는 만성적인 문제, 그리고 이를 해결하는 방식이 기술적 합리성보다는 정치적 판단과 서울 및 중앙정부 중심의 계획 논리에 의해 좌우되어 왔다는 점은 이후 연선지역의 공간 변화들을 이해하는 중요한 맥락으로 작용한다.

3장부터 7장까지의 연선지역별 각론은 이러한 철도사의 흐름에 맞춰 실제 도시공간에서는 어떤 모습으로 구현되었는지를 구체적으로 보여준다. 인천역·동인천역·주안역·간석역·동암역·부평역·부개역으로 이어지는 서술은 단순한 역별 소개가 아니라, 각 시기마다 경인선이 인접 지역과 맺어온 관계의 차이를 드러내는 방식으로 구성되었다. 이때 철도는 주민들의 생활과 이동패턴을 규정하기도 하지만, 인구유입이나 신규택지조성 등으로 신설 역을 추동하는 계기를 제공하기도 하였다.

초기 개항장과 원도심을 관통하는 구간에서는 철도가 항만·상업·행정 기능과 결합하며 도시의 중심축을 형성했음을 확인할 수 있었고, 산업화 시기에는 공단 조성과 노동력 이동을 매개하는 통근 인프라로서의 역할이 두드러졌다. 1990년대 이후 대단위의 주거지

개발이 가속화되면서 역세권은 택지 개발이나 아파트 단지 공급을 촉진시켰고, 이제 철도 접근성은 단순히 모빌리티의 차원을 넘어 주택과 자산가치를 형성하는 핵심 논리로 활용되었다. 더 나아가 최근에는 탈산업화와 기성 상권의 침체 속에서 외국인 이주자와 에스닉 상권이 집적되는 공간으로 재구성되며, 경인선 연선은 다층적인 사회·경제적 기능을 수행하는 공간으로 전환되고 있다.

이처럼 연선지역별 서술에서 반복적으로 확인되는 점은, 경인선 인천 구간이 어느 한 시기에도 단일한 기능만을 수행한 적이 없다는 사실이다. 같은 철도 노선이라 하더라도, 구간과 시점에 따라 산업 인프라이자 주거 인프라였고, 통근 축이자 생활권의 경계였으며, 최근에는 이주와 다문화 경제를 떠받치는 기반이 되었다. 본 저서는 이러한 변화를 '발전-쇠퇴'라는 단선적인 도식이 아니라, 역할의 중첩과 전환이라는 관점에서 바라볼 것을 요청한다.

이러한 분석은 현재 진행 중인 경인선의 운영 논쟁을 새롭게 바라보는 시각을 제공한다. 급행·특급 체계와 GTX 도입을 둘러싼 논의는 경인선을 여전히 '속도의 문제'로 환원하려는 경향을 보이지만, 본 저서가 보여주듯 경인선의 핵심 가치는 속도 그 자체가 아니라, 다양한 도시 기능을 연결해 온 축적된 공간적 역할에 있다. 따라서 향후 경인선의 위상은 초고속 광역철도와의 단순한 경쟁이 아니라, 원도심과 신교통 체계를 연결하는 보완적 축, 그리고 일상적 이동의 질을 보장하는 생활 인프라로서 재정립될 필요가 있다.

종합하여, 본 저서의 의의는 경인선 인천 구간을 철도사·도시사·주거사·이주사의 교차점으로 위치시키고, 연선지역의 구체적 사례를 통해 이를 검증·확인하기 위한 초석을 다진 데에 있다고 볼 수 있다. 이는 철도를 둘러싼 정책 논의나 도시재생 담론에서 종종 간과되는 공간과 장소의 시층(時層)을 복원하는 작업이기도 하다. 경인선을 따라 형성된 도시의 층위를 읽어내는 것은, 단지 과거를 기록하는 데 그치지 않고, 앞으로 이 노선이 어떤 방식으로 활용되고 재구성되어야 하는지를 성찰하기 위한 기초 작업이라는 점에서 의미를 갖는다.

다만, 본 저서는 '경인선과 연선지역의 변화'라는 시공간적 스케일이 광범했던 반면에 상대적으로 짧은 연구기간 속에서 실제 현장과 사례 중심의 연구가 매우 한정될 수밖에 없었고, 그 깊이도 연구자들의 기대 수준에 도달하지 못했음을 통감한다. 더욱이 경인선 철도가 한국의 산업화와 도시화 과정에서 담당했던 기능과 역할을 고려하면, 비단 인천 구간에 한정할 것이 아니라 경인선 전체 구간을 종합적으로 조명해야 할 것이다. 본 저서가 비록 시론적 수준에 머문 측면이 있으나, 저자들을 비롯해 관련 연구자들에게 후속 연구의 문제의식을 자극하고, 그 필요성을 제공할 수 있기를 바란다.

저서 및 번역서

朝鮮総督府鉄道局, 1912, 朝鮮鉄道沿線市場一斑.

＿＿＿＿＿＿＿, 1929, 朝鮮鐵道史.

＿＿＿＿＿＿＿, 1934, 朝鮮旅行案内記.

한국철도문화재단(譯), 2012, 조선교통사 제1권,(鮮交会, 1986, 朝鮮交通史, 鮮交会, 東京).

香月源太郎, 1902, 韓国案内.

논문

古川阪次郎, 1931, "仙石貢博士に就て", 土木建築工事画報, 7(下), 1.

구세주, 2024, "철도지하화사업, 특별법만으로는 부족: 사업성 확보가 핵심", 국회입법 조사처보, 2241, 1-4.

及川英二郎, 2013, "中央線が直線であることの植民地主義的な意味: 社会科・地歴教材 開発の観点から", 東京芸術大学紀要人文社会科学系Ⅱ, 64, 82-83.

三木理史, 2003, "「都市鉄道」の成立―戦間期大阪市と近郊の事例による考察―", 技術と 文明, 14(1), 19-20.

박선동, 2024, "철도지하화 통합개발 추진 경위와 향후 방향", 월간 교통, 317, 17-21.

염복규, 2005, "근대 서울의 도시계획과 도시공간구조의 변화," 도시지역학총서: 도시 계획과 도시공간구조의 변화, 1, 28-29.

＿＿＿, 2007, "1930-40년대 인천지역의 행정구역 확장과 시가지계획의 전개," 인천 학연구, 6, 83-105.

윤현위·길광수, 2021, 사라진 야구장과 야구의 기억: 인천야구장을 사례로, 한국도시
　　　지리학회지, 24(2), 49-68.

崔永俊, 1974, “開港을 前後한 仁川의 地理的 硏究”, 지리학과 지리교육, 2, 7-8.

번역서

한국철도문화재단(譯), 2012, 조선교통사 제1권 (鮮交会, 1986, 朝鮮交通史, 鮮交会,
　　　東京).

고문헌

高宗實錄 32卷 (1894.7.20.).

駐韓日本公使館記錄 5卷 (1894.11).

衆議院委員会会議録 第7回、第8回帝国議会 (1895).

기사

ACe建築業界, 2018년 5월, “土木·建築偉人伝　仙石貢”.

京城日報, 1938년 4월 14일, “文鶴山のハイキングコース, 京城から日歸りに絶好”.

＿＿＿＿, 1941년 7월 19일, “釣場しらべ　仁川のハゼ釣”.

경인방송, 2012년 7월 16일, “인천 부평·계양 생활폐기물 부천 소각장 이용 길 열리나
　　　…폐촉법 개정으로 소각장 거리제한 완화”.

京郷新聞, 1960년 12월 3일, “서울仁川間에 「電鐵」”.

＿＿＿＿, 1961년 3월 14일, “宇和商社에 落札 디젤動車購買”.

＿＿＿＿, 1964년 1월 18일, “京仁線의 全列車 濟物浦에 停車”.

＿＿＿＿, 1974년 8월 3일, “電鐵 高床폼 부딪혀 歸鄕길 大學生 숨져”.

＿＿＿＿, 1976년 12월 18일, “공사중 陸橋 내려앉아”.

독립신문, 1899년 9월 16일, “화륜거 왕릭시간”.

東亞日報, 1922년 5월 22일, “京仁電鐵可能 工費約二百萬圓”.

＿＿＿＿, 1939년 7월 22일, “電鐵化計劃遂具體化”

＿＿＿＿, 1959년 7월 3일, “濟物浦驛業務開始 往復四個列車停留”.

______, 1965년 9월 14일, "京仁線 『다이어』 全面改正".

______, 1984년 12월 22일, "首都圈교통改善5개년계획 내용 서울交通滯症에「總括처방」".

______, 1989년 2월 23일, "盧대통령 선거 公約「空約」많다".

______, 1990년 9월 30일, "京仁線 97년까지 複複線 확장".

______, 1996년 2월 6일, ""電鐵 지연 계속되면 폭파" 협박 철도청 사과문게시 소동".

______, 1966년 7월 29일, "7個商社應札 漢江鐵橋復舊 資材購買에".

每日經濟, 1966년 7월 5일, "旅券에 묻어온 證言 내가 보고느낀 海外經濟 (54) 日本紀行".

______, 1969년 6월 28일, "漢江AB 철교개통".

______, 1971년 4월 8일, "朴人統領 참석 京仁電鐵 기공식".

매일일보, 2024년 3월 10일, "[기획] 역대 정권들도 시도한 철도 지하화, 왜 실패했나".

연합뉴스, 2017년 5월 26일, "용산~동인천 노선 '초급행 열차' 6~7월부터 투입".

연합뉴스, 2023년 1월 2일, "경기 부천-인천 부평 '구불구불' 경계선 … 직선화 가능할까".

오마이뉴스, 2024년 11월 17일, "또 다시 스멀스멀… '철도 지하화', 혈세 써서 지역 불균형 키우나".

인천투데이, 2025년 9월 2일, "억척스럽게 살았다… 영단주택과 부평 사람들".

朝鮮新聞, 1931년 7월 12일, "朱安南村間乘合ひ開通".

朝鮮日報, 1926년 11월 19일, "京仁間鐵道에 電化問題擡頭".

______, 1929년 10월 26일, "文鶴郵便所 朱安에 移轉".

______, 1930년 3월 31일, "京仁電化問題 局長反對로 難涉".

______, 1949년 9월 3일, "京仁線을 電化".

______, 1962년 10월 4일, "다시 서두르는 京仁線電鐵化 計劃".

______, 1962년 6월 26일, "直通列車들 新設".

______, 1963년 1월 10일, "서두르는 京仁線電鐵計劃".

______, 1974년 4월 21일, "「電鐵희생」事故 늘어".

______, 1974년 7월 12일, "京仁전철 차단기 撤去로 列車-택시 충돌 1명 死亡".

______, 1974년 8월 25일, "京仁線 電鐵 개통 이후 不安한 건널목".

______, 1981년 5월 19일, "「획기직 裝置」는 없는가 긴널목 事故".

________, 1984년 12월 25일, “京仁 새 高速道 87년 착공”.

________, 1989년 10월 31일, “現 통근자 1.3배 645萬명 수송목표”.

________, 1990년 11월 6일, “京仁電鉄의 시민항의”.

________, 1996년 2월 22일, ““지각 電鐵 경종 울리려 했다” 폭파협박범은 평범한 30代 직장인”.

朝鮮總督府官報, 1938년 7월 30일, “第3461號”.

주간조선, 2016년 4월 10일, “기네스북에 오른 세계 최대 부평지하상가”.

중부일보, 2016년 8월 29일, “인천 전도관·십정4, 뉴스테이 3천 200가구 공급”.

춘천사람들, 2025년 3월 20일, “금강산전철, 단절된 역사를 이어줄 중요한 상징”.

한겨레신문, 1990년 11월 27일, “집중취재 전철-지하철 언제까지 ‘지옥철’인가 객차안 곳곳에서 신음·비명·욕설”.

________, 2019년 10월 19일, “화장장에서 공원까지 이웃도시와 잇단 ‘공유’”.

한국경제, 2024년 1월 19일, “철도 지하화법 통과됐지만 수조원대 자금조달 막막”.

皇城新聞, 1905년 3월 27일, “京仁線 時間改定”.

보고서

서울기술연구원, 2022, 지상철도 지하화 추진전략 연구.

석종수, 2023, 인천역~석탄부두 간 폐선로 활용방안, 인천연구원.

인천시, 1969, 인천통계연보, 인천광역시.

_____, 1969, 인천도시재정비계획, 인천광역시.

인천직할시, 1989, 인천통계연보, 인천광역시.

인천광역시, 1999, 인천통계연보, 인천광역시.

________, 2005, 인천통계연보, 인천광역시.

________, 2009, 인천통계연보, 인천광역시.

________, 2010, 인천통계연보, 인천광역시.

________, 2016, 인천통계연보, 인천광역시.

________, 2020, 인천통계연보, 인천광역시.

인천발전연구원, 2017, 2016 시내버스 조정노선 모니터링 및 안정화 연구용역, 인천광역시.

웹자료

국립국어원 표준국어대사전, 〈표제어 ‘직통’〉, https://stdict.korean.go.kr/search/searchView.do?word_no=479810&searchKeywordTo=3, 2026년 1월 19일 접속.

국립중앙박물관, 1918년 인천 동부 지도, https://www.museum.go.kr/modern-history/map_view.do?scale=25&doc_id=J041-016-005&seq=44105&pcnt=5, 2026년 1월 16일 접속.

김상희, 드디어 역곡역에 특급열차가 섭니다! | 국회의원 김상희, https://blog.naver.com/shk407/222773916886, 2026년 1월 19일 접속.

부평역사박물관, https://portal.icbp.go.kr/bphm/, 2026년 1월 20일 접속.

우리역사넷, 〈표제어 ‘조일잠정합동조관’〉, https://contents.history.go.kr/front/tg/view.do?treeId=0204&levelId=tg_004_0820&pageUnit=10, 2025년 12월 25일 접속.

인천시설관리공단 홈페이지, https://www.insiseol.or.kr/, 2026년 1월 21일 접속.

인천 화도진도서관 홈페이지, https://lib.ice.go.kr/hwadojin/index.do, 2026년 1월 21일 접속.

국토지리정보원 홈페이지, https://map.ngii.go.kr/, 2026년 1월 21일 접속.

손길신, 동인천역 최초 명칭(杻峴驛)은 ‘축현역’이 아닌 ‘유현역’입니다, 2017년 6월 10일 수정, https://www.incheon.go.kr/museum/MU060701/1962954, 2026년 1월 19일 접속.

Korean War Project, https://www.koreanwar.org/, 2026년 1월 21일 접속.

표 목차

그림 목차

인천학연구총서 목록

순번	도서명	비고	판매금액
1	인천학, 현황과 과제1	2003.12.29	비매품
2	인천학, 현황과 과제2	2003.12.29	비매품
3	인천 인구사	2007.12.26	비매품
4	인천 섬 지역의 어업문화	2008.12.26	비매품
5	식민지기 인천의 기업 및 기업가: 데이터베이스의 구축	2009.02.23	비매품
6	인천노동자운동사	2009.12.31	비매품
7	인천 토박이말 연구	2009.12.31	비매품
8	조선후기~대한제국기 인천지역 재정사 연구	2009.12.31	비매품
9	인천문학사연구	2009.12	-
10	인천 영종도의 고고학적 연구	2011.01.26	비매품
11	江華 寺刹 文獻資料의 調査硏究	2011.01.31	비매품
12	한국 어촌사회와 공유자원	2011.05.31	비매품
13	강화 토박이말 연구	2011.12.26	비매품
14	인천 인구사 2	2011.12.30	비매품
15	인천시 자치구(군)간의 지역불균형 특성분석	2012.01.11	비매품
16	강화 고전문학사의 세계	2012.01.11	비매품
17	江華의 檀君傳承資料	2012.12.31	비매품
18	인천의 누정	2013.02	-
19	강화학파의 『노자』 주석에 관한 연구	2013.02.28	비매품
20	인천 영종도의 옛 유적입지와 환경변화	2013.02.28	비매품
21	한국 서해 도서지역 사람들의 생산과 교역	2013.02.28	비매품
22	지역 경제학의 연구방법론	2013.02	-
23	인천 연안도서 토박이말 연구	2014.02.24	비매품
24	인천체육사 연구	2014.02.24	비매품
25	인천고전문학의 현재적 의미와 문화정체성	2014.02.24	비매품
26	霞谷의 『大學』 經說 硏究	2014.02.24	비매품
27	식민지기 인천항의 통상구조에 관한 실증적 연구	2014.02.28	비매품
28	대학생의 라이프스타일과 미래주거선호도 분석	2014.02.28	비매품

	– 유비쿼터스를 중심으로 –		
29	개항장 인천과 재조일본인	2015.02.13	13,000원
30	한국 현대시와 인천 심상지리	2015.02.13	15,000원
31	해항도시 인천 문화의 종교성과 신화성	2015.02.13	21,000원
32	인천 전통시장의 성장과 쇠퇴	2015.02.13	14,000원
33	서해5도민의 삶과 문화	2015.02.27	21,000원
34	조선신보, 제국과 식민의 교차로 – 신문광고로 읽는 근대 인천과 한국의 풍경들 –	2016.02.19	18,000원
35	구술로 보는 인천 민간소극장사	2016.02.19	20,000원
36	다중스케일 관점에서 본 인천의 공업단지 – 1960~1970년대 조성과정을 사례로 –	2017.02.20	23,000원
37	식민지기 인천의 근대 제염업	2017.02.20	20,000원
38	인천이 겪은 해방과 전쟁	2018.02.23	26,000원
39	토층에 담긴 인천의 시간 – 유적으로 보는 인천 이야기	2018.02.23	25,000원
40	언론에 비친 인천 산업사 연구 – 1946년부터 1980년까지	2018.02.23	25,000원
41	이주로 본 인천의 변화	2019.02.28	23,000원
42	인천의 도시공간과 커먼즈, 도시에 대한 권리	2019.02.28	33,000원
43	협동과 포용의 살림공동체: 이론, 역사, 인천 사례	2019.02.28	23,000원
44	인천 지역의 민족운동	2020.02.28	21,000원
45	항만하역 고용형태의 변천	2020.02.28	16,000원
46	인천의 전통신앙	2021.02.26	23,000원
47	인천의 장소 특정성, 걷기의 모빌리티와 도시를 경험하는 예술	2021.02.26	15,000원
48	골목상권의 힘, 지역화폐	2021.02.26	21,000원
49	인천의 향토음식	2021.02.26	16,000원
50	1867년 인천 영종도 주민들	2022.02.23	16,000원
51	도시재생의 이해	2022.02.25	37,000원
52	조선시대 경기 서해연안의 목장 연구	2023.02.22	21,000원
53	인천 연안 도서지역 주민들의 삶과 공동체 – 덕적면·자월면을 중심으로 –	2023.02.22	25,000원
54	강화양명학과 개신교의 문화접변에 의한 초기 자본주의의 이해	2024.02.22	23,000원
55	도시경관의 이론과 실제	2024.02.22	23,000원

	– 인천 경제자유구역과 원도심을 중심으로 –		
56	인천 지역경제의 다차원적 접근 – 잠재적 성장동력 모색	2025.02.20	30,000원
57	대한제국기 인천 지역 계몽운동과 의열투쟁을 주도한 정재홍	2025.02.20	22,000원
58	인천 지역 국채보상운동 연구	2026.02.20	26,000원
59	인천 물고기 로드	2026.02.20	35,000원
60	경인선 철도의 서사와 연선지역의 변화	2026.02.20	26,000원

저자 소개

윤현위

1979년 부천에서 태어나고 인천에서 학창시절을 보냈다. 지리학을 전공하기로 한 이후에 지금까지 공간과 장소에 관한 연구와 강의를 하고 있다. 주거지역의 변화에 관한 박사학위논문을 썼고 현재는 지방도시의 쇠퇴와 도시재생에 더 많은 관심을 갖고 있다. 현재는 충북대학교 지리교육과에서 좋은 선생님의 선생이 되기 위해서 노력하고 있다.

정원욱

한국의 압축적·수직적 도시화, 특히 초고층 아파트 중심의 도시개발에 따른 사회현상에 관심을 두고 연구 중이다. 최근 부평으로 거주지를 옮긴 후 경인선 연선의 재도시화 과정을 도시·사회지리학적 시선에서 들여다보고 있다. 공주대학교 지리학과에서 학사, 건국대학교에서 석사·박사 학위를 취득했다. 현재 건국대학교, 전남대학교, 이화여자대학교에서 강의 중이다.

이화용

이화여자대학교 사회과교육과에서 학사·석사 과정을 마치고, 영국 리즈대학교 지리학과에서 박사 학위를 취득했다. 조선족 이주자의 이주 과정과 삶에 관한 석·박사학위논문을 작성했다. 현재는 전남대학교 다문화교육연구센터 학술연구교수로 국내에 거주하는 이주자의 이동성과 관련해 이주자 집단별로 그들의 이동을 구성하는 (비)물질들 간의 관계와 행위성의 발현에 관해 연구하고 있다.

박수민

건국대학교 지리학과에서 학사, 인천대학교 일어일문학과에서 석사학위를 취득하였다. 철도를 비롯한 모빌리티가 지역의 지리적 배경, 사회현상 등과 결합하여 지역마다 독특한 형태로 나타나는 과정을 좇는 것에 흥미를 두고 있다. 현재는 경희대학교의 박사과정(지리학 전공)에서 수학 중이다.

이영민

이화여자대학교 사회과교육과/다문화 · 상호문화 협동과정/아시아 여성학 협동과정 교수. 서울대학교 지리교육과를 졸업하고, 미국 루이지애나주립대학교 지리/인류학과에서 박사학위를 받았다. 장소와 사람, 그리고 문화의 관계를 밝히는 인문지리학을 연구한다. 〈인천의 문화지리적 탈경계화와 재질서화: 포스트식민주의적 탐색〉, 〈개항 이후 경인지역의 역사지리적 변화와 경인선 철도의 역할〉, 〈이주로 본 인천의 변화〉 등 인천에 관한 문화지리적 연구도 진행하고 있다.

인천학연구총서 60

경인선 철도의 서사와 연선지역의 변화

2026년 2월 20일 초판 1쇄 펴냄

기 획 인천대학교 인천학연구원
지은이 윤현위·정원욱·이화용·박수민·이영민
펴낸이 김흥국
펴낸곳 보고사

등록 1990년 12월 13일 제6-0429호
주소 경기도 파주시 회동길 337-15
전화 031-955-9797(대표)
팩스 02-922-6990
메일 bogosabooks@naver.com
http://www.bogosabooks.co.kr

ISBN 979-11-6587-980-8 (94300)
　　　 979-11-5516-336-8 (세트)
ⓒ 윤현위·정원욱·이화용·박수민·이영민, 2026

정가 26,000원